30 x Schwimmen für 90 Minuten

Friederike Neubauer

Fertige Stunden von Wassergewöhnung bis zur Verbesserung der Schwimmtechnik

Klasse 1–4

Verlag an der Ruhr

Impressum

Titel
30 x Schwimmen für 90 Minuten
Fertige Stunden von Wassergewöhnung
bis zur Verbesserung der Schwimmtechnik

Autorin
Friederike Neubauer

Umschlagmotive
Vorderseite Foto: © lebus – clipdealer; Uhr-Icon, Notizzettel: © Verlag an der Ruhr; Rückseite Illustrationen: Norbert Höveler

Illustrationen
Norbert Höveler (wenn nicht anders angegeben)

Druck
Heenemann GmbH & Co. KG, Berlin, DE

Verlag an der Ruhr
Mülheim an der Ruhr
www.verlagruhr.de

Geeignet für die Klassen 1–4

ISBN 978-3-8346-2321-8

Inhaltsverzeichnis

Bausteine zum Kombinieren

Inhaltsbereich

Wassergewöhnung

Inhaltsbereich

Wasserbewältigung

Inhaltsbereich

Schwimmtechniken

(KV = Kopiervorlage)

Vorwort

Voraussetzungen

Nur selten kommt eine Schule in den Genuss eines schuleigenen Schwimmbads. Die Voraussetzung, eine Schwimmstunde zu planen, ist eine völlig andere, als eine Sportstunde zu planen. Viel Schwimmzeit geht durch das Hin- und Herfahren oder Laufen von der Schule zum Schwimmbad (und wieder zurück) verloren. Ebenfalls muss in Ihre Planung mit einbezogen werden, dass die Zeit des Umziehens wesentlich länger dauert als in der Sporthalle. Nicht nur das Föhnen der Haare ist einzuplanen, die Kinder können sich generell im Schwimmbad schwieriger „sortieren" und sind erfahrungsgemäß im ersten Schwimmhalbjahr mit dem eigenständigen Umziehen und Duschen sehr gefordert. Planen Sie diese Zeit zu Beginn des Schwimmunterrichts unbedingt mit ein! Erfahrungsgemäß bleibt Ihnen im Rahmen einer Doppelstunde im Becken eine reine Schwimmzeit von 35–50 Minuten, die daher sinnvoll genutzt werden sollte! Der Inhalt der Stunden, die Sie hier im Buch finden, basiert auf diesen Vorüberlegungen und ist daher nicht auf 60–80 Minuten Schwimmzeit ausgerichtet, sondern auf 35–50 Minuten.

Sollten Sie das unfassbare Glück haben, und Ihnen steht ein schuleigenes Schwimmbad zur Verfügung, ist für diesen Zweck das „Bausteine-Prinzip" angehängt, das bereits aus den Sportbüchern „30 x Sport für 45 Minuten" (Kl. 1/2 und Kl. 3/4) bekannt ist. Damit haben Sie die Möglichkeit, Spiele für den Anfang, zwischendurch oder zum Ende der Stunde auszusuchen und bei Bedarf einzubauen und damit „übrig gebliebene Zeit" sinnvoll zu nutzen.

Dieses Bausteine-Prinzip ermöglicht Ihnen des Weiteren, Spiele zu Beginn oder zum Ende einer geplanten Stunde auszutauschen, wenn Ihnen diese im Zusammenhang mit der hier im Buch fix und fertig geplanten Stunde nicht zusagen. In der Regel können Sie davon ausgehen, dass die zu Beginn und zum Ende der Stunde eingebauten Spiele auf die Inhalte der jeweiligen Stunden angepasst sind.

Das Schwimmbecken

Die Gegebenheiten des jeweiligen Schwimmbades, das Sie zur Nutzung vorfinden, sind ebenso von Schule zu Schule verschieden. Meistens können Sie davon ausgehen, dass Sie ein Becken vorfinden, das eine Länge von 25 m und eine Breite von ca. 10 m besitzt.

Die Mindesttiefe im Nichtschwimmerbereich sind 0,9 m, und im Schwimmerbecken 2–2,5 m. Viele Lehrschwimmbecken verfügen über einen Hubboden, der im Nichtschwimmerbreich die Möglichkeit bietet, den Boden auf eine gewünschte Höhe zwischen 0,3 m und 1,8 m zu verstellen. Wenn Sie diese Voraussetzungen haben, nutzen Sie die Höhenverstellung unbedingt aus. Es bringt nicht nur viel Spaß, sondern auch methodische Abwechslung mit in den Unterricht. Ansonsten bietet jedes Schwimmbad an einer Stelle einen Nichtschwimmer- und einen Schwimmerbereich. Viele Inhalte können bei einer Wassertiefe von 0,6 m oder 0,9 m sicherer erlernt, und später im Schwimmerbecken vertieft werden – daher nutzen Sie diese Becken auch zum Kraulschwimmen oder Brustschwimmen aus.

Da neue Inhalte insbesondere im Wasser zunächst möglicherweise zu Ängsten führen, sollten Sie daran denken, das Becken in kleine Abschnitte einzuteilen. Dafür bietet sich meistens die Querbahn an, nicht immer nur die Längsbahn.

Vorwort

Praxistipp:
Führen Sie neue Inhalte am besten in einem überschaubaren, abgesteckten Areal ein.
Das nimmt die Angst vor dem „großen, tiefen, weitläufigen Becken". Für noch nicht gesicherte Lerninhalte bietet sich als Schwimmrichtung die Querbahn an, werden die Lerninhalte sicherer, können sie auch über die Längsbahn ausgeführt werden.

Was heißt eigentlich „schwimmen können"?

Es gibt verschiedene Definitionen und sicherlich auch verschiedene Ansichten, was es heißt, „schwimmen zu können".

Es gibt die physikalische Erklärung, dass ein Körper an der Wasseroberfläche schwimmt, indem er mehr Wasser verdrängt, als er selbst wiegt – also eine geringere Dichte als Wasser besitzt. Schwimmen als Fortbewegungsart bedeutet allerdings, dass man sich mit Hilfe gezielter Bewegungsabläufe auf dem und im Wasser fortbewegen kann.

Für mich gehört noch mehr dazu. Jemand, der sich mit Hilfe eines perfekt ausgeübten Schwimmstils auf dem Wasser fortbewegen kann, hat noch lange nicht alle notwendigen Voraussetzungen dafür, schwimmen zu können. Ist das nicht ein Widerspruch?

Nein, denn die Grundlage, die beherrscht werden sollte, bevor man einen fortgeschrittenen Schwimmstil erlernt, ist, das Wasser in allen Körperöffnungen zuzulassen. Das heißt insbesondere, das Wasser in Ohren,

Abb.: Jens Müller

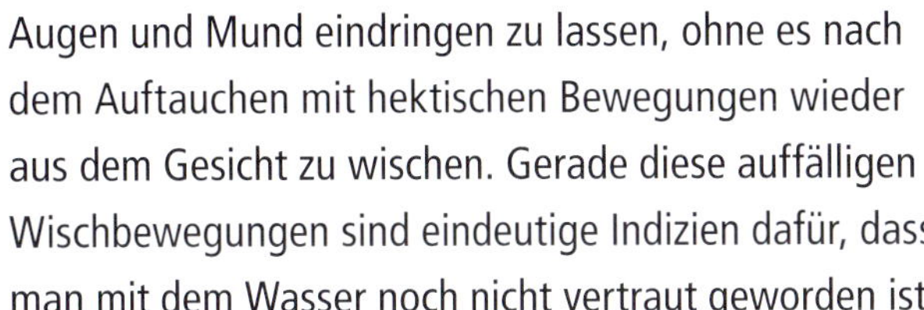

Augen und Mund eindringen zu lassen, ohne es nach dem Auftauchen mit hektischen Bewegungen wieder aus dem Gesicht zu wischen. Gerade diese auffälligen Wischbewegungen sind eindeutige Indizien dafür, dass man mit dem Wasser noch nicht vertraut geworden ist.

Und das ist in meinen Augen die Grundlage jedes Schwimmenlernens: Jemand, der mit dem Wasser „vertraut" ist, aber noch keinen ausgeprägten Schwimmstil ausüben kann, ist nur einen Katzensprung vom Schwimmenlernen entfernt. Aber jemand, der z.B. perfekt Brustschwimmen kann, aber sich dabei scheut, den Kopf unter Wasser zu bringen, hat noch einen weiten Weg vor sich.

Mit dem Wasser vertraut werden

Wie bereits erwähnt, gehört es zur absoluten Basis, mit dem Wasser vertraut zu werden, damit ein sicheres Bewegen im Wasser möglich wird.

Daher sollte insbesondere auf den Teil der Wassergewöhnung viel Zeit verwendet werden, damit die Kinder die Eigenschaften des Wassers erfahren, erleben und ausprobieren können. Sie sollen die Möglichkeit haben, das Wechselspiel von Aktion und Reaktion im Wasser zu erleben und dabei zu erfahren, die Eigenschaften des Wassers für sich zu nutzen.

Hilfsmittel: „ja" oder „nein"?

Die bekanntesten Hilfsmittel im Wasser, wie z.B. Taucherbrillen oder Schwimmflügel, um nur wenige zu nennen, erleichtern scheinbar den Weg, um mit dem Wasser vertraut zu werden. Doch dabei werden gerade die Eigenschaften ausgeblendet, mit denen die Kinder vertraut werden sollen. Die Taucherbrille verhindert das Eindringen von Wasser in die Augen, ggf. sogar auch in die Nase. Nasenklemmen verschließen die Nasenlöcher. Auftriebsmittel verhindern, dass der Körper, hauptsächlich der Kopf, nicht unter Wasser gerät. Je intensiver Sie darüber nachdenken, desto deutlicher wird, dass die Hilfe nicht immer eine Hilfe ist, sondern insbesondere den Prozess des Schwimmenlernens und des Vertrautwerdens einschränkt.

Wie also vorgehen, um Unsicherheiten und Ängsten der Kinder zu begegnen? Bevor Sie den Kindern Hilfsmitteln im tiefen Wasser zur Verfügung stellen, sollte der Unterricht besser im knietiefen Wasser stattfinden, dafür ohne Hilfen.

Aus diesem Grund ist der Hubboden, insbesondere für das Anfängerschwimmen, eine besondere Hilfe, die unbedingt mit allen Höhen und Tiefen genutzt werden sollte. Gerade das Spektrum von 0,3 m bis 1,8 m bietet sowohl für die Lehrkraft als auch für die Kinder einen besonders großen Handlungsspielraum.

Und was ist mit Taucherbrillen?

Kinder klagen oft über Schmerzen im Auge und sagen, dass sie daher unbedingt Taucherbrillen tragen müssen. Im Falle einer Chlorallergie sollten Sie sich an dieser Stelle besser rückversichern, indem Sie eine Bescheinigung über diese Allergie vom Arzt einholen.
Meistens ist dieses ungute Gefühl jedoch ein Zeichen dafür, dass für die Kinder das Eindringen von Wasser noch unangenehm ist und daher das Kind mit dem Wasser noch nicht vollständig vertraut geworden ist.

Als Tipp sollte hier der Hinweis dienen, dass Sie Taucherbrillen erst nach Beendigung der „Wassergewöhnungsphase" erlauben und sie als reines Spaßinstrument dienen. Verschiedene sinnvolle Materialien können den Schwimmunterricht allerdings unterstützen.

„Das ist eine Anschaffung wert!" – geeignete Materialien zur Unterstützung des Unterrichts

Schwimmnudeln sind Auftriebshilfen, die sowohl dem Spaßfaktor dienen als auch flexibel zur Unterstützung des Schwimmvorgangs eingesetzt werden können.
Sie können zwischen die Beine geklemmt werden, aber auch im Oberkörperbereich unter die Arme sowie in die Kniekehlen. Schwimmnudeln sollten im Schwimmbad immer bereitstehen.

Schwimmbretter sind absolute Standardmaterialien und essenziell für eine Vielzahl von Übungen. Sie sollten immer in Klassenstärke zur Verfügung stehen. Schwimmbretter werden insbesondere im Lernbereich „Gleiten" genutzt.

Vorwort

Das **Schwimmfloß** (ein großes, weiches Schwimmbrett der Maße ca. 1,20 x 0,8 m) findet nicht die besondere Bedeutung wie das Schwimmbrett, kann aber bei Spielen zur Wassergewöhnung eine große Unterstützung sein.

Tauchringe und Tauchspielzeuge sind attraktive Spielgeräte, die die Kinder beim aktiven Tauchvorgang motivieren und unterstützen sollen. Sie können von den Kindern selbst ins Becken geworfen werden und von jeder Wassertiefe heraufgeholt werden.

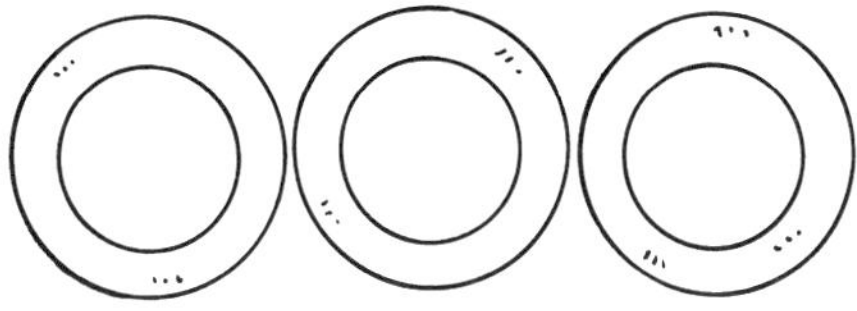

Ein **Boden-Markierungsset** kann man in einem Sportartikelladen erwerben. Es ist zwar nicht speziell für den Wassersport hergestellt, aber dort durch sein Material vielfältig einsetzbar. Es besteht aus Gummi und ist daher sehr robust, es kann sowohl schwimmen als auch sinken. Die knalligen Farben blau und gelb sind so markant, dass die Zahlen unter Wasser mit geöffneten Augen gut erkennbar sind. Auch von der Wasseroberfläche aus kann man die Zahlen teilweise erkennen.
Die Zahlenpalette bis 30 ist groß und im Set in doppelter Ausfertigung mitgegeben. Somit sind viele verschiedene Zahlenspiele möglich.

Es gibt **Reifen** mit und ohne eingebautes Gewicht.
Das Gewicht dient dazu, dass der Reifen unter Wasser sinkt und aufrecht auf dem Beckenboden steht. Der Reifen ohne Gewicht kann als Spielmaterial vielfältig eingesetzt werden. Der Reifen mit Gewicht ist insbesondere beim Tauchen einzusetzen.

Diverse **Wasser-Spielzeuge**, die auf der Wasseroberfläche schwimmen, die im Wasser schweben und die auf den Boden sinken, sind sehr praktisch für zahlreiche Schwimm- und Tauchübungen.

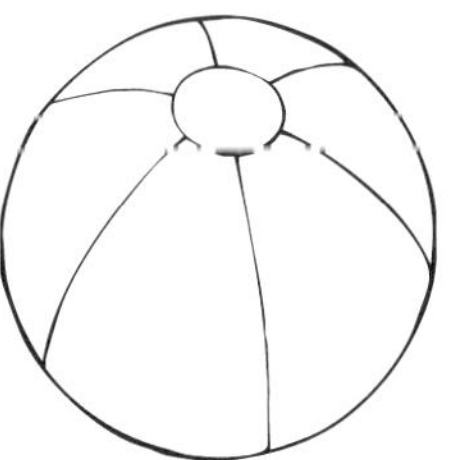

Ringe: Eva Spanjardt; Reifen: Magnus Siemens; Ball: Anja Boretzki

Allgemeine Sicherheitshinweise

Bevor Sie loslegen, beachten Sie bitte folgende grundlegende Regeln und Sicherheitshinweise. In der Regel werden Sie diese Standards aus Ihrer Sportlehrerausbildung kennen.

Hier dennoch die wichtigsten Hinweise in der Übersicht:

1.) Während die Kinder im Wasser sind, müssen Sie jederzeit vom Beckenrand aus alle Kinder im Blick haben.

2.) Wenn Sie sich selbst im Wasser befinden, um den Kindern eine Technik vorzuführen, müssen alle Kinder außerhalb des Wassers am Beckenrand stehen.

3.) Sie dürfen sich nur zusammen mit den Kindern im Wasser aufhalten, während eine weitere geschulte Person außerhalb des Wassers alle Kinder im Blick hat.

4.) Prüfen Sie vor jeder Schwimmstunde, ob eine Notfallmeldung per Telefon oder Handy möglich ist.

5.) Seien Sie besonders aufmerksam bei Tauchaufgaben. Tauchende Kinder müssen unter besonderer Beobachtung stehen, damit Sie bei einem ungewöhnlichen Verhalten sofort eingreifen können.

6.) Achten Sie darauf, dass die Kinder nicht unterkühlen. Dazu ist ein Wechsel von Belastungs- und Erholungsphasen sinnvoll. Die Kinder sollten sich nicht zu lange am Stück im kalten Wasser aufhalten.

7.) Vereinbaren Sie ein festes akustisches und optisches Zeichen, um bei Gefahr sofort unterbrechen zu können. Eine bestimmte Handbewegung oder ein Gong bedeuten dann z.B.: Alle Kinder schwimmen sofort zum nächsten Beckenrand und halten sich dort fest, bzw. alle verlassen sofort das Wasser.

8.) Alle Kinder achten untereinander auf Zeichen von Unwohlsein, Schwäche oder Gefahr und geben der Lehrkraft in dem Falle sofort Bescheid.

9.) Alle Kinder schützen im Wasser die eigene Gesundheit und die aller anderen Kinder. Schubsen, Tunken, Festhalten und jede andere Gewalteinwirkung sind absolut tabu!

10.) Alle Kinder begegnen sich grundsätzlich und jederzeit mit Respekt, Wertschätzung und Hilfsbereitschaft – vor allem im und am Wasser.

Verschiedene Spiele ...

Spiele zum Stundenbeginn, zum Schluss oder mittendrin ...

Wasserball

Darum geht's Übung zur Wassergewöhnung; Wassersicherheit gewinnen

Material 4 Schwimmbretter, um auf jeder Seite 2 Tore zu legen, 1 Wasserball

Beckentiefe 0,9 m

Los geht's Stellen Sie den Beckenboden auf 0,9 m, sodass alle Kinder sicher stehen können, Schwimmer sowie Nichtschwimmer. Teilen Sie die Gruppe in Mannschaften auf, jede Mannschaft sollte nicht mehr als 5–6 Kinder stark sein, damit auch jedes Kind in das Spiel involviert wird. Innerhalb jeder Mannschaft wird ein Torwart bzw. ein „fliegender Torwart" (d.h. die Kinder wechseln sich untereinander ab) bestimmt. Der Ball wird in die Mitte des Feldes gelegt, die Mannschaften stehen auf ihrer Seite am Beckenrand. Sobald Sie das Startsignal in Form von „Achtung, fertig, los!" geben, „rennen" die Kinder durch das Wasser zum Ball und versuchen, diesen zu erobern. Von dort an sollte ein abwechslungsreiches Miteinander-Spielen beginnen, bei dem die Kinder sich den Ball zuspielen und auch das Tor treffen.

Hinweis: Auffällig ist hierbei, dass auch die Kinder, die ansonsten sehr wasserscheu sind, schnell die Angst ablegen und sich zunehmend sicherer im Wasser bewegen.

Haltet das Feld frei!

Darum geht's Übung zur Wassergewöhnung; erste Tauchversuche

Material kleine, auf der Wasseroberfläche schwimmende Bälle (Klassenstärke oder doppelte Anzahl) bzw. sinkende Tauchringe

Beckentiefe 0,9 m

Los geht's Bilden Sie 2 gleich große Mannschaften, die sich jeweils in einer Beckenhälfte treffen. Teilen Sie das Becken durch ein Tau in 2 gleich große Felder. Beide Mannschaften versuchen, jeden Ball, der in ihrem Feld landet, in das gegenüberliegende Feld zu werfen. Durch die große Aktivität innerhalb des Beckens lernen die Kinder schnell, Wasserspritzer im Gesicht zuzulassen.

Beschränken Sie eine Runde auf eine bestimmte Zeit, z.B. 45–60 Sekunden. Zählen Sie auf jeden Fall die letzten 10 Sekunden laut mit, damit insbesondere in diesen Sekunden der Wettkampf noch einmal besonders angeregt wird. Die Mannschaft, die mit dem Abpfiff am wenigsten Bälle bzw. Reifen auf ihrer Seite liegen hat, hat gewonnen.

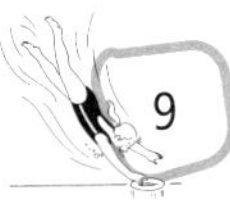

Verschiedene Spiele …

Haifisch-Alarm

Darum geht's Übung zur Wassergewöhnung; Wassersicherheit gewinnen

Material –

Beckentiefe 0,9 m

Los geht's Bilden Sie 4 gleich große Mannschaften, die sich jeweils in einer Ecke des Beckens treffen. Diese Gruppen erhalten jeweils einen Meerestier-Namen, z.B. Wale, Kraken, Delfine und Seesterne. In der Mitte des Beckens schwimmt ein Hai, der, solange er noch kein Kommando erhalten hat, auf der Stelle schwimmt. Hierfür können Sie ihm ggf. eine räumliche Begrenzung, z.B. durch einen Schwimmreifen, geben.

Nach und nach rufen Sie eine Gruppe auf, die daraufhin in einer Richtung um den Hai kreisförmig herumschwimmt. Sie sind nicht darauf festgelegt, immer alle Gruppen aufzurufen, Sie können sich zwischen 1–4 Gruppen entscheiden, bevor Sie den „Hai-Alarm" ausrufen. Bei Ihrem Ausruf „Hai-Alarm" darf der Hai seinen Reifen verlassen und versuchen, möglichst viele Kinder zu fangen. Bei dem ertönten Signal schwimmen alle Meerestiere zurück zu ihrem Standort in die jeweilige Beckenecke.

Alle Kinder, die zwischen dem Alarm und dem Zurückschwimmen gefangen werden, sind im nächsten Durchlauf auch ein Hai und dürfen mit in den Ring. (Alternativ: das Kind, welches als erstes gefangen wird.)

Fangen

Darum geht's Wassergewöhnung, ggf. erste Tauchversuche

Material –

Beckentiefe 0,9 m

Los geht's Das Spiel verläuft ähnlich wie das Fangen in der Turnhalle. Es werden ein oder zwei Fänger gewählt, die die übrigen Kinder verfolgen. Ist ein Kind gefangen, stellt es sich breitbeinig auf und kann von einem anderen Kind befreit werden, indem dieses durch seine Beine hindurchtaucht.

Es gilt die Regel: nur von hinten nach vorne durch die Beine tauchen, um einen möglichen Zusammenstoß zu vermeiden. Die Fänger dürfen vor dem Kind, das befreit wird, keine „Totenwache" schieben und es nach Beendigung des Tauchens sofort wieder einfangen.

Kinder, die sich nicht trauen, durch die Beine eines anderen zu tauchen, verabreden eine Ausnahme-Lösung, wie z.B. auf die Zehenspitzen zu tippen oder das Knie zu kitzeln.

Verschiedene Spiele ...

Feuer-Wasser-Blitz

Darum geht's Übung zur Wassersicherheit

Material –

Beckentiefe 0,6–0,9 m

Los geht's Vereinbaren Sie gemeinsam mit den Kindern folgende Signale.

Feuer: Alle Kinder müssen untertauchen.
Wasser: Die Beine werden so feste gestrampelt, dass das Wasser nur so sprudelt und spritzt.
Blitz: Die Kinder müssen in eine Ecke des Beckens schwimmen.

Rufen Sie eines der drei Signale, und die Kinder führen dieses Signal aus. Zwischen den Signalen schwimmen die Kinder frei im Becken.

Froschjagd (Bäumchen, wechsel dich)

Darum geht's Schnelligkeit im flachen Wasser

Material Schwimmbretter in Klassenstärke

Beckentiefe 0,3 m

Los geht's Sie benötigen ein Schwimmbrett weniger, als Kinder in der Gruppe sind (z.B. bei 10 Kindern 9 Schwimmbretter). Positionieren Sie diese am Beckenrand und im Wasser. Diese stellen die Seerosen dar, auf denen die Frösche sitzen.

1. Runde: Auf das Kommando „Froschjagd", versuchen alle Frösche, die „Seerosen" zu wechseln. Dabei springen sie ins Wasser und auch aus dem Wasser wieder raus, um auf die nächste Seerose zu kommen. Der Frosch in der Mitte sucht sich natürlich schnell eine eigene Seerose, auf die er springen kann. Der Frosch, der am Ende keine Seerose mehr übrig hat, bleibt in der Mitte stehen und ruft erneut das Kommando „Froschjagd".

2. Runde: Ein Storch steht in der Mitte und versucht, beim gleichen Kommando „Froschjagd" Frösche zu fangen. Die gefangenen Frösche werden anschließend auch Störche.

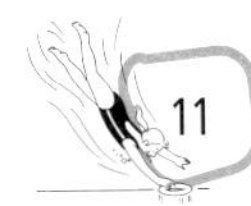

Verschiedene Spiele ...

Tierfangen im Meer

Darum geht's Spiel und Spaß, auspowern

Material –

Beckentiefe 0,6–0,9 m

Los geht's Alle Kinder sind bei diesem Spiel gleichzeitig „Fänger", „Schwimmer" und „Befreier". Das heißt, alle Kinder können fangen, aber auch gefangen werden und andere befreien. Wer von einem Kind mit dem Ausruf „gefangen" berührt wird, muss sich hinhocken bzw. je nach Wassertiefe breitbeinig hinstellen und den Arm heben. Bevor man gefangen wird, hat man aber die Möglichkeit, schnell ein Tier aus dem Meer zu nennen, sodass man nicht mehr gefangen werden kann. Hierbei darf man nicht mehrmals dasselbe Tier hintereinander rufen, ansonsten gilt man als gefangen.

Befreit werden kann man durch das Abschlagen der gehobenen Hand oder Durchschwimmen der gespreizten Beine.

Fischer, Fischer, wie tief ist das Wasser?

Darum geht's durch vielfältige Bewegungsformen viele Möglichkeiten der Fortbewegung (Tauchen, Schwimmen ...) kennenlernen

Material –

Beckentiefe 0,6–0,9 m

Los geht's Ein bis zwei Kinder, die Fischer, stehen an der einen Seite des Beckens, die anderen stehen auf der gegenüberliegenden Seite.
Die Menge ruft: *„Fischer, Fischer, wie tief ist das Wasser?"* Die Fischer rufen ihnen eine beliebige Zahl zu, z.B. *„1000 m tief!"* Die Gruppe fragt zurück: *„Und wie kommen wir da rüber?"*
Die Fischer einigen sich auf eine Fortbewegungsform (auf einem Bein springend), die von allen, sowohl von der Gruppe als auch von den Fischern, ausgeübt werden muss. Die Gruppe muss versuchen, auf die andere Seite zu gelangen. Die Fischer wechseln ebenso die Seiten, müssen dabei aber versuchen, Kinder zu fangen.

Diejenigen, die gefangen sind, werden ebenfalls zu Fischern.

Verschiedene Spiele ...

Staffellauf durch den Tauchring

Darum geht's Wettkampf und Tauchdistanzen

Material 2 Tauchreifen

Beckentiefe 0,6 – 0,9 m

Los geht's Stellen Sie zwei Mannschaften auf. Die eine Hälfte jeder Mannschaft stellt sich an einem Beckenrand auf, die andere Hälfte steht ihrer halben Mannschaft am gegenüberliegenden Beckenrand gegenüber. Zwischen den beiden Mannschaftshälften steht jeweils ein Tauchreifen.

Die Aufgabe der Kinder in nun, dass der erste einer Mannschaftshälfte losschwimmt, durch den Ring taucht und zu seinem gegenüberliegenden Partner schwimmt. Dieser wird per Handschlag abgeklatscht und schwimmt auf die gleiche Weise zu seinem gegenüberliegenden Partner. Ist ein Kind auf die andere Seite gekommen und hat den Partner abgeschlagen, stellt es sich hinten in die Reihe wieder an wie bei einem Staffellauf.

Die Mannschaft hat gewonnen, deren erster Schwimmer wieder als erster vorne in der Reihe steht.
Erhöhter Schwierigkeitsgrad: die Anzahl der Schwimmreifen in der Mitte und damit die Tauchdistanz erhöhen.

Zahlenfangen

Darum geht's Schnelligkeit und Reaktion im Wasser

Material –

Beckentiefe 0,6 – 0,9 m

Los geht's Alle Kinder werden durchnummeriert, jedes Kind sollte seine eigene Nummer kennen. Alle Kinder verteilen sich im Becken. Zu Beginn jeder Runde rufen Sie 2–3 Zahlen laut in die Menge. Die Kinder mit der aufgerufenen Zahl sind die Fänger, die die Aufgabe haben, innerhalb von einer Minute so viele Kinder wie möglich zu fangen. Jedes Kind, das gefangen wurde, schwimmt schnell zum Beckenrand und wartet die kurze Zeit ab, bis eine neue Runde beginnt.

Eine Runde sollte nicht länger als eine Minute dauern, damit schnelle Wechsel stattfinden.

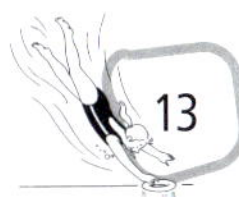

1. Die allererste Stunde

Darum geht's den Bewegungsraum Wasser kennenlernen

Kompetenzerwartung Die Kinder haben die Möglichkeit, das Wasser und seine Eigenschaften kennenzulernen und sich darin zu bewegen. Dabei sollen sie versuchen, ihre Ängste abzubauen.

Material 1 großer Schwimmreifen

Beckentiefe max. 0,9 m

Einstieg – Wasser kennenlernen

Lassen Sie die Kinder vor allem zunächst frei im Wasser „planschen". Dabei können Sie auf die Reaktionen und Bewegungen der Kinder achten. Lässt ein Kind Wasser im Gesicht zu? Scheut es sich vor Wasserspritzern? Taucht es gerne unter?
Hierbei sollten Sie auf keinen Fall Hilfsmittel oder Spielzeuge mit in das Wasser geben, sondern alleine die Reaktionen der Kinder beobachten.

Es werden sich möglicherweise viele Kinder versteckt offenbaren, die Angst vor dem Element Wasser haben, aber versuchen, es nicht nach außen zu tragen. Achten Sie genau auf die Mimik und Gestik der Kinder, die Ihnen viel über das Wohlbefinden der Kinder vermittelt.

Geben Sie den Kindern die Aufforderung, sich frei im Wasser zu bewegen. Jeder kann dabei zeigen, was er im Wasser schon alles kann.

Hauptteil – die Kinder beobachten

Eine Einschätzung über die Schwimmfähigkeiten der Kinder hilft Ihnen in den weiteren Stunden, die Kinder nach ihren Fähigkeiten zu fördern. Oberste Priorität hat immer die eigene Einschätzung der Kinder über sich selbst. Sagt Ihnen ein Kind von vornherein, dass es nicht in dem Schwimmerbecken schwimmen möchte, respektieren Sie diese Entscheidung, und lassen Sie es im Nichtschwimmerbecken schwimmen, während sie die Einteilung der anderen Kinder vornehmen.

Nehmen Sie sich immer 2–3 Kinder einzeln aus der Gruppe heraus, und lassen Sie diese etwas „vorschwimmen", um eine ungefähre Einschätzung von deren Schwimmfähigkeiten zu erhalten. Die anderen Kinder lassen Sie weiterhin beaufsichtigt im Becken schwimmen. Eine Auflistung einiger Fähigkeiten (siehe Einschätzungsbogen S. 15) gibt Ihnen hierfür eine Hilfe, um diese sinnvoll einschätzen zu lernen.

Formulieren Sie die Aufgabe: *„Schwimme eine Bahn in dem Stil, der dir angenehm ist. Kannst du untertauchen? Schaffst du es, einen Ring heraufzuholen? Wie weit kannst du tauchen?"*

1. Die allererste Stunde

Einschätzungsbogen für ______________________ Datum: ______________

		ja	nein	Anmerkungen
1.	**Bewegt sich ohne Furcht im Wasser**			
2.	**Kündigt an, dass er/sie Angst hat, sich im tiefen Wasser zu bewegen**			
3.	**Kann eine Bahn im Schwimmer-Becken schwimmen**			
	▌ Hat Angst, sich im Wasser zu bewegen und sucht den Kontakt zur Wand			
	▌ Bewegt sich sicher im Wasser zur gegenüberliegenden Seite			
4.	**Beherrscht den Schwimmstil** ______________ o gar nicht o sicher o grob			
5.	**Springt vom Beckenrand ins tiefe Wasser**			
6.	**Taucht eine kleine Strecke** o Hat dabei die Augen geöffnet o Hat dabei die Augen geschlossen o Taucht tief unter Wasser			
7.	**Schwimmt auch eine Bahn zurück**			
8.	Holt einen Reifen aus o **1,20 m Tiefe** o **2 m Tiefe**			
9.	**Hat die Augen beim Tauchen geöffnet und sucht den Ring unter Wasser**			
10.	**Hat die Augen unter Wasser geschlossen und guckt bereits oben, wo der Ring liegt**			

Die Liste gibt Ihnen eine mögliche Abfolge vor, in der Sie die Kinder vorschwimmen lassen können. So gewinnen Sie einen Überblick über die Schwimmfähigkeiten Ihrer Schüler.

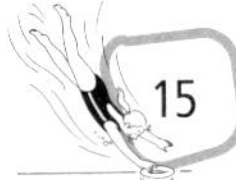

1. Die allererste Stunde

Es ist wichtig, Reaktionen der Kinder ernst zu nehmen. Diese wissen sich meistens sehr gut einzuschätzen.

Wichtig: Zwingen Sie kein Kind zu einer Handlung! Wenn ein Kind den Kopf nicht unter Wasser nehmen möchte oder den Schwimmerbereich nicht „betreten" möchte, nutzen Sie diese Auskunft für Ihre Einschätzungen. Nur selten lügen Kinder an dieser Stelle, da sie viel zu großen Respekt vor dem Element Wasser haben.

Die Kinder erwarten mit Hochspannung, welchen Erfolg sie beim Vorschwimmen erbracht haben. Teilen Sie Ihre große Gruppe nun in 2–3 Kleingruppen ein. Geben Sie den Gruppen einfache Meerestiernamen, die den Kindern eine vertraute Umgebung schaffen.

Seesterne ➔ Nichtschwimmer

Diese Gruppe hat als erstes Ziel die Wassergewöhnung und den Gewinn von Wassersicherheit. Diese Schüler sollen lernen, das Wasser als Medium zuzulassen, um sich darin sicher fortzubewegen.

Die Unterrichtsstunden aus dem Kapitel „Wassergewöhnung" sind in erster Linie für die „Seesterne" geeignet.

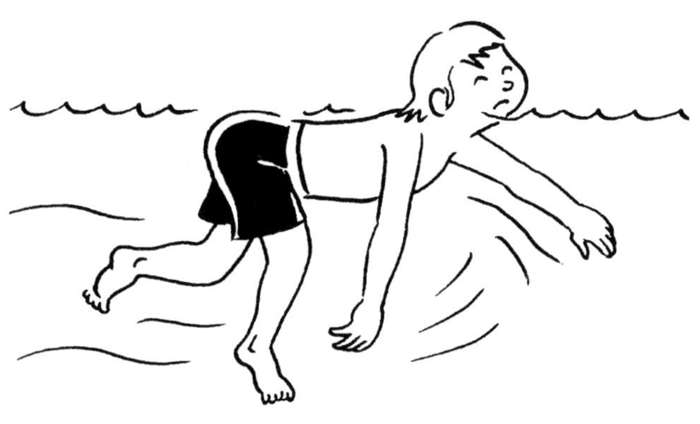

Hammerhaie ➔ mittelstarke Schwimmergruppe

Diese Gruppe beherrscht Grundformen eines Schwimmstils und kann sich damit eine Zeit lang fortbewegen. Kann die Form des Schwimmens technisch noch verfeinert werden und ein weiterer Schwimmstil hinzugelernt werden, sollte das Kind in dieser Gruppe aufgenommen werden.

Delfine ➔ gute Schwimmer

Kinder, die bereits das Brustschwimmen sicher beherrschen, Ringe aus einer Tiefe von 2 m heraufholen können und ggf. sogar das Kraulen beherrschen, gelten als „gute Schwimmer". Für diese Gruppe sind technische Feinheiten, das Kraulschwimmen sowie Rückenschwimmen und Streckentauchen Ziele des Schuljahres.

Hinweis: Ein nachgewiesenes Schwimmabzeichen muss nicht zwingend der Hinweis darauf sein, dass dieses Kind schwimmen kann. Ein Tipp, um die Schwimmsicherheit zu überprüfen, ist, darauf zu achten, ob das Kind tauchen kann und dabei die Augen geöffnet hat.

1. Die allererste Stunde

Abschluss – Die Haie sind los

Wählen Sie ein kleines Becken, oder grenzen Sie ein größeres Becken in der Nutzfläche ein. Je größer das Becken ist, desto länger dauert eine Spielrunde und nimmt die Spannung des Spieles.
Wählen Sie zwei „Haie" aus, die in der Mitte des Beckens schwimmen.

Teilen Sie nun die Gruppe in 3–4 weitere Kleingruppen ein, die einfache Tiernamen erhalten, wie z.B. Wale, Delfine, Seesterne und Kraken.

Diese Kleingruppen verteilen sich in den 4 Ecken des Beckens. Rufen Sie nun eine, zwei oder drei Gruppen auf, die die beiden Haie in der Mitte umkreisen. Hierbei sollte ein Abstand von 2 m zu den Haien eingehalten werden und auf eine gleich bleibende Schwimmrichtung geachtet werden. Sobald Sie rufen: *„Die Haie sind los!"*, versuchen die Haie, die umkreisenden Fische zu fangen. Die Fische versuchen so schnell wie möglich, zurück in die Ecke zu schwimmen, aus der sie gestartet sind.
Alle Fische, die vorher von den Haien gefangen wurden, werden ebenfalls zum Hai und schwimmen mit in die Beckenmitte, wo sie auf die umkreisenden Fische warten. Die nächsten Runden verlaufen wie die erste.

2. Haie, Delfine, Wale …

Darum geht's den Bewegungsraum Wasser kennenlernen

Kompetenzerwartung Die Kinder haben die Möglichkeit, das Wasser und seine Eigenschaften kennenzulernen und sich darin zu bewegen. Dabei sollen sie versuchen, ihre Ängste abzubauen.

Material laminierte Bildkarten von Wassertieren (S. 20)

Beckentiefe 0,6 m–0,9 m

Einstieg – freies Bewegen im Wasser

Lassen Sie die Kinder vor allem zunächst frei im Wasser „planschen". Hierbei können Sie auf die Reaktionen und Bewegungen der Kinder achten. Lässt ein Kind Wasser im Gesicht zu? Scheut es sich vor Wasserspritzern? Taucht es gerne unter?
Hierbei sollten Sie auf keinen Fall Hilfsmittel oder Spielzeuge mit in das Wasser geben, sondern alleine die Reaktionen der Kinder beobachten.
Es werden sich möglicherweise viele Kinder versteckt offenbaren, die Angst vor dem Element Wasser haben, aber versuchen, es nicht nach außen zu tragen. Achten sie genau auf die Mimik und Gestik der Kinder, die ihnen viel über das Wohlbefinden der Kinder vermittelt.

Geben Sie den Kindern die Aufforderung, sich frei im Wasser zu bewegen. Jeder kann dabei zeigen, was er im Wasser schon alles kann.

Aufgabe 1: Wettrennen

Formulieren Sie: *„Wir machen ein Wettrennen! Wer als Erster auf der gegenüberliegenden Seite angekommen ist, hat gewonnen! Die Hände dürfen dabei nicht unter Wasser gebracht werden, sondern werden über dem Wasser geführt.*
Stellt euch so am Beckenrand auf, dass ihr zu eurem Nachbarn eine Armlänge Platz habt.
Zuerst laufen wir vorwärts. Auf die Plätze, fertig, los!"

Geben Sie den Kindern ein Startsignal, bei dem sie aufgefordert sind, loszulaufen. Hierbei können Sie mehrere Runden laufen. Variieren Sie anschließend die Runden in der Fortbewegungsart, z.B. vorwärts, rückwärts, seitwärts.

Hierbei ergeben sich folgende **Beobachtungshinweise** für Sie: Anhand der Geschwindigkeit des Kindes können Sie erkennen, wie sicher sich das Kind im Element Wasser fühlt. Daran erkennen Sie entsprechend den Grad der Wassersicherheit.

Hauptteil – Wasser spielerisch kennenlernen

Versammeln Sie alle Kinder an einer Seite des Beckens. Die Kinder bleiben dabei im Wasser und stellen sich nebeneinander an die Längsseite des Schwimmbeckens. Ziel ist es nun, dass die Kinder mit Hilfe bekannter Spiele aus dem Alltag mit dem Element Wasser vertraut werden.

Zwischen-Reflexion

Versammeln Sie die Gruppe kurz außerhalb des Beckens. Es bietet sich an, für kurze Gesprächseinheiten das Wasser zu verlassen, da die Kinder – solange sie im Wasser sind – den Drang verspüren, sich auch darin zu bewegen oder mit dem Wasser zu spielen. Das ist auch sinnvoll, denn ansonsten könnten die Kinder unterkühlen.
Um eine kurze Einheit auch kurz zu belassen, bilden Sie z.B. kurze Sitzkreise außerhalb des Beckens.

2. Haie, Delfine, Wale ...

Aufgabe 2: Meerestiere

Versammeln Sie wieder alle Kinder am Beckenrand, und lassen Sie von jedem Kind ein Meerestier nennen. Das Kind, das ein Tier vorgeschlagen hat, soll auch eine dafür typische Bewegung vormachen, die von allen Kindern eine Bahn lang, bis auf die gegenüberliegende Seite des Beckens, ausgeführt werden soll. Geben Sie ruhig am Anfang einige Hinweise und Beispiele, um die Kinder zu motivieren.

Wenn die Kinder von sich aus nicht aktiv genug werden, geben Sie Impulse durch entsprechende Tierkarten (S. 20) und/oder durch Hinweise auf typische Tierbewegungen.

Beispiele:

Wal -- möglichst hoch aus dem Wasser springen und sich rückwärts (also mit dem Rücken zuerst) oder vorwärts (mit dem Bauch zuerst) ins Wasser plumpsen lassen – entweder mit oder ohne Kopf unter Wasser – je mehr es spritzt, desto gigantischer war der Sprung

Schildkröte – ist ein sehr langsamer Vertreter im Wasser – entweder abtauchen oder über der Wasseroberfläche schwimmen

Abb.: Astrid Wilkesmann

Wichtig: Füße vom Boden nehmen und auf das Wasser legen, um sich mit paddelnden Bewegungen fortzubewegen

Krebs – laufend vorwärtsbewegen, der Kopf ist über Wasser – mit den Händen eine Krebszange formen, damit durch das Wasser schnippen – das Wasser beim Schnippen spritzen lassen

Hai – möglichst nahe der Wasseroberfläche schwimmen – entweder knapp über oder knapp unter der Wasseroberfläche bewegen – Hand unterstützend als herausragende Flosse

Delfin – aus dem Stand vorwärts und möglichst elegant in das Wasser eintauchen – dabei nach Möglichkeit den Kopf unter Wasser bringen

Abschluss – den Beckenboden „loslassen"

Geben Sie den Kindern zur Entspannung Schwimmnudeln mit ins Becken. Jedes Kind darf sich eine Nudel zwischen die Beine klemmen und damit durch das Wasser reiten. Falls genügend Nudeln vorhanden sind, darf sich ein Kind auch zwei Nudeln nehmen. Hierbei sollten aber nicht beide Nudeln zwischen den Beinen liegen, sondern eine sollte unter die Arme geklemmt werden. Ziel dieser Seepferdchen-Übung soll es sein, dass die Kinder versuchen, den Beckenboden „loszulassen" und sich auf dem Wasser treiben zu lassen. Versuchen Sie, die Kinder zu motivieren, sich in die waagerechte Position zu legen. Sie sollen versuchen, sich auf den Bauch oder auf den Rücken zu legen. Für Kinder mit großen Ängsten reicht der Schritt, sich auf die Nudel zu setzen und den Kontakt zum Boden zu verlieren.

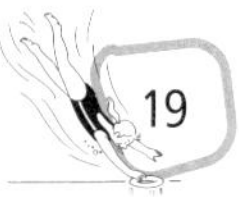

Bildkarten zum Ausschneiden

Abb.: Norbert Höveler

Abb.: Norbert Höveler

Abb.: Norbert Höveler

Abb.: Norbert Höveler

Abb.: Astrid Wilkesmann

3. „Die Müllabfuhr“ – Anbahnung des Tauchens

Darum geht's eine waagerechte Position im Wasser einnehmen, den Kopf unter Wasser bringen

Kompetenzerwartung Die Kinder haben die Möglichkeit, in einer sicheren Wassertiefe den Kopf unter Wasser zu bringen und das Eintreten des Wassers in Augen und Ohren zuzulassen. Des Weiteren lernen sie, gezielt in das Wasser auszuatmen.

Material Gegenstände, die untertauchen (sinkende Ringe, Tauch-Tiere etc.), solche, die an der Oberfläche schwimmen (Tischtennisbälle, kleine Plastikbälle) und solche, die im Wasser schweben (z.B. laminiertes Papier)

Beckentiefe 0,3 m (Kinder-/Babybecken)

Vorbereitung – Beckenboden einstellen

Stellen Sie den Beckenboden, wenn möglich, auf 0,3 m, oder verwenden Sie das Babybecken im Schwimmbad. Die Kinder sehen das Becken vor sich, das so tief ist wie eine „Pfütze“. Hierbei bekommen die Kinder den ersten Eindruck, dass es ganz einfach ist, sich in dieser Wassertiefe zu bewegen.

Einige Kinder werden möglicherweise aufstöhnen, ob das ihre Schwimmtiefe wäre? Wenn Sie dies bestätigen, werden die Kinder fassungslos antworten, dass es für sie keinerlei Herausforderung sei, in dieser Wassertiefe zu schwimmen. Diese Einstellung der Kinder ist für diese Stunde von großem Vorteil, da Sie diese Sicherheit, die die Kinder ausstrahlen, zu Ihren Gunsten nutzen können.

Einstieg – „Autos“ im Wasser

Geben Sie den Kindern die Möglichkeit, sich in dem Becken frei zu bewegen und sich an die neue Größe anzupassen, in der waagerechten Position. Jedes Kind soll sich nun ein Auto überlegen, das es darstellen möchte. Geben Sie zunächst verschiedene Kommandos, wie

- *Spielstraße oder Zone 30:* alle Autos fahren extrem langsam und blubbern ein wenig in das Wasser
- *auf dem Weg zur Schule:* normales Tempo
- *Linkskurven*
- *Rechtskurven*
- *Autobahn:* Alle Autos fahren so schnell sie können quer durch das Becken

Für das „Autorennen“ stellen sich alle „Autos“ in einer Reihe auf. Zählen Sie einen Countdown herunter, und alle Autos starten auf die gegenüberliegende Seite.

3. „Die Müllabfuhr" – Anbahnung des Tauchens

Hauptteil – die „Müllabfuhr"

Stellen Sie sich gemeinsam mit den Kindern außerhalb des Beckens auf. Halten sie dabei die genannten Materialien bereit, z.B. in einer kleinen Kiste. Je mehr, desto besser.
Stellen Sie sich an den Beckenrand, und erzählen Sie mit einer etwas übertriebenen Stimme, damit der Witz und das Schauspiel betont werden:
„Heutzutage ist es schlimm mit der Umweltverschmutzung! Alle Leute werfen angebissene Äpfel, Kaugummis, Papiere und leere Dosen einfach so weg, ohne den Mülleimer zu benutzen."

Werfen Sie, während Sie sprechen, immer wieder einen Gegenstand weiträumig in das Becken. Die Kinder werden schnell in die Handlung einsteigen und auch etwas in das Wasser werfen wollen. Dabei sollen sie natürlich auch eine Form des Mülls nennen. Wenn alle Materialien im Becken verteilt sind, lassen Sie die Kinder aufräumen.

Die Kinder räumen nun das Becken auf und sammeln zunächst alle Materialien ein und bringen sie zurück in die Kiste. Wiederholen sie diesen Einsatz 2- bis 3-mal, und stoppen Sie ggf. die Zeit dazu. Das Zeitstoppen bringt etwas Wettkampfcharakter mit ein.

Setzen Sie in der nächsten Runde die „Müllabfuhr" zielgerichtet ein: Schaffen Sie verschiedene Müll-Kategorien („gelber Müll", „grüner Müll" usw., siehe Beispiele S. 23) Lassen Sie die verschiedenen Müllsorten in verschiedenen Bewegungsabläufen einsammeln (nur laufend im Wasser, nur in waagerechter Lage, nur krabbelnd usw.). Hierbei können Sie frei entscheiden, ob Sie jede Müllform getrennt ins Wasser werfen und abholen lassen oder immer alle Müllsorten gleichzeitig ins Becken geben. Jedes Kind muss nun auf die „sachgemäße Entsorgung" Acht geben.

Die Hände der Kinder sollen erst dann unterstützend helfen, wenn der Müll vom Beckenrand in die Tonnen geworfen wird.

3. „Die Müllabfuhr" – Anbahnung des Tauchens

Gelber Müll:

Halten Sie, wenn möglich, eine gelbe Plastikkiste bereit, die die Mülltonne darstellt. Gelber Müll ist Verpackung, die hauptsächlich aus Plastik besteht und damit an der Wasseroberfläche schwimmt. Dies können z.B. Tischtennisbälle oder kleine Plastikbälle sein. Dieser Müll darf ausschließlich gepustet werden. Erst wenn er bis zum Beckenrand der jeweiligen Mülltonne gepustet worden ist, darf er in die Hand genommen und in die Tonne geworfen werden.

Grüner Müll:

Halten Sie, wenn möglich, eine grüne Plastikkiste bereit, die die Papiertonne darstellt. Grüner Müll ist Papier. Hierfür können sie kleine laminierte Papiere ins Wasser geben. Durch das Laminieren sind sie wasserfest und können nicht kaputtgehen und damit das Wasser nicht verschmutzen. Der Vorteil von laminierten Papieren ist, dass sie sowohl schweben als auch absinken können. Eine Idee der Entsorgung könnte sein, diesen Müll ausschließlich mit den Füßen zu transportieren, ihn z.B. zwischen die Zehen zu nehmen. Erst wenn er bis zum Beckenrand der jeweiligen Mülltonne transportiert wurde, darf er in die Hand genommen und in die Tonne geworfen werden.

Giftmüll:

Halten Sie, wenn möglich, eine orangene Kiste bereit, die die Giftmülltonne darstellt.
Giftmüll ist so gefährlich, dass er nicht einfach mit der Hand beseitigt werden kann, sondern mit einer speziellen Zange gegriffen werden muss. Diese Zange ist der Mund, bzw. die Zähne. Hier bieten sich Gummiringe an, die gut mit den Zahnen gegriffen werden können. Das ist recht schwierig, da das Kind nicht nur untertauchen muss, sondern dabei auch Augen und Mund öffnen muss, um den Ring zu greifen. Nachdem dieses Spiel ein paar Mal durchgeführt wurde, sollten auch die ängstlichen Kinder diese Version ausprobieren – eine tolle, spielerische Möglichkeit, Wasser in Augen und Mund zuzulassen.

Kurzreflexion – Selbstvertrauen und Mut entwickeln

Fragen Sie die Kinder, ob es für sie eine besondere Schwierigkeit dargestellt hat, den Kopf in dieser Wassertiefe unter Wasser zu nehmen. Das werden die meisten Kinder verneinen und sich besonders sicher fühlen. Bestärken Sie die Kinder unbedingt in deren Selbstvertrauen. Erklären Sie Ihnen, dass sie jetzt in der Lage sind, zu tauchen. Es ist für den Körper kein Unterschied, ob das Wasser 30 cm oder 3 m tief ist – es fühlt sich immer gleich an! Wer im Babybecken tauchen kann, kann auch in jeder anderen Wassertiefe tauchen. Diese Erläuterung gibt den Kindern meistens einen großen Motivationsschub und Sicherheit!

Abschluss – Haltet das Feld frei!

Bleiben Sie für das Abschluss-Spiel am besten im ganz flachen Wasser. Bilden Sie 2 gleich große Mannschaften, die sich jeweils in einer Beckenhälfte treffen. Teilen Sie das Becken (ggf. durch ein Tau) in 2 gleich große Felder. Verteilen Sie viele kleine Plastikbälle gleichmäßig in den 2 Feldern. Beide Mannschaften versuchen, jeden Ball, der sich in ihrem Feld befindet, in das gegenüberliegende Feld zu werfen. Beschränken Sie eine Runde auf 45–60 Sekunden. Zählen Sie auf jeden Fall die letzten 10 Sekunden laut mit, damit insbesondere in diesen Sekunden der Wettkampf noch einmal besonders angeregt wird. Die Mannschaft, die mit dem Abpfiff am wenigsten Bälle bzw. Reifen auf ihrer Seite liegen hat, hat gewonnen.

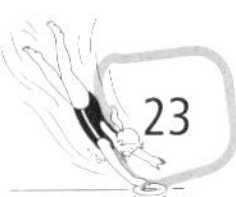

4. Ab in die Waschstraße!

Darum geht's mit dem Wasser vertraut werden, insbesondere im Kopfbereich

Kompetenzerwartung Die Kinder haben die Möglichkeit, in spielerischen Situationen Wasser in allen Körperöffnungen zuzulassen.

Material 4–5 Schwämme, 4–5 große Plastikbecher, 1–2 große Schwimmbretter oder Schwimm-Matten, ggf. rot-weißes Absperrband

Beckentiefe max. 0,9 m

Einstieg – Bewegungsgeschichte

Lassen Sie alle Kinder ein Auto ihrer Wahl aussuchen. In Form dieses Autos „fahren" (krabbeln) sie auf allen Vieren durch das Wasser.

Schlagen Sie den Kindern eine mögliche Situation vor, wie z.B., an einem regnerischen Tag zur Schule zu fahren. Dabei soll sich jedes Kind am Beckenrand einen „Parkplatz" suchen, in dem es parkt. Die Kinder legen sich dazu bauchwärts auf die Wasseroberfläche. Sie dürfen sich mit Hilfe der Hände auf dem Boden fortbewegen. Die Füße dürfen beim „Rangieren" helfen, sind aber an der Fortbewegung unbeteiligt. Die Knie sind oberhalb des Beckenbodens. Bringen Sie weitere Aufgaben für die Kinder in das Geschehen ein.

Erzählen Sie:

„Es ist früh am Morgen, das Auto wird gestartet.

➔ *Aufgabe: Blast viele Blubberblasen in das Wasser.*

Es regnet sehr stark. Die Autos parken aus ihren Parktaschen aus und begeben sich in den Straßenverkehr.

➔ *Aufgabe: Bewegt euch frei im Wasser (in dieser Lage Sicherheit gewinnen).*

Die Autos müssen zunächst eine Rechtskurve fahren, um auf die Schnellstraße zu gelangen.

➔ *Aufgabe: Dreht euch nach rechts.*

Jetzt müssen wir uns aber beeilen, es ist schon sehr spät! Schnell auf die Autobahn, das geht schneller.

➔ *Aufgabe: Bewegt euch so schnell ihr könnt durch das Wasser.*

Oh, aufpassen, die Ampel wird rot.

➔ *Aufgabe: Alle Kinder müssen stoppen.*

Jetzt aber schnell auf die Autobahn und ab zur Schule.

➔ *Aufgabe: Bewegt euch wieder so schnell ihr könnt durch das Wasser. Aufpassen, eine große Pfütze!*

➔ *Aufgabe: Richte dich einmal etwas auf, und lasse dich dann ins Wasser plumpsen. Oh je, alles dreckig, das schöne, neue Auto! Erstmal zur Schule weiterfahren. Da vorne kommt sie schon. Da die Schule in einer verkehrsberuhigten Zone liegt, müssen wir wirklich langsam fahren.*

➔ *Aufgabe: Bewegt euch ganz langsam durch das Wasser.*

Ah, da vorne ist ein Parkplatz. Schnell rein!

➔ *Aufgabe: Parke dich entweder vorwärts oder rückwärts in eine Parklücke ein. Stelle den Motor aus."*

Hauptteil – die „Waschstraße"

„Das Auto ist vom Hinweg so verdreckt, dass es unbedingt in die Waschstraße gebracht werden muss."

Stellen Sie ein großes Schwimmbrett, wenn möglich sogar eine große Matte, zur Verfügung, und lassen Sie ein freiwilliges Kind darauf Platz nehmen. Es soll sich auf die Matte legen, Arme und Beine strecken.

4. Ab in die Waschstraße!

Nun stellt sich die „Waschstraße" auf. Statten Sie alle Kinder mit kleinen und großen Schwämmen oder einem Plastikbecher aus. Je größer dieser ist, desto besser. Am besten stellt sich die Waschstraße so im Spalier auf, dass die Matte mit dem „zu waschenden Auto" in der Mitte hindurchpasst. Es bietet sich an, vornean Kinder mit Bechern zu stellen, um den groben Schmutz zu reinigen. Anschließend positionieren sich die Kinder mit den Schwämmen, sodass das Auto von rechts und links gewaschen werden kann. Zum Schluss kann das Auto wieder mit Bechern begossen werden.
Der Ideenvielfalt der Kinder sind hier keine Grenzen gesetzt. Nutzen Sie vielfältige Möglichkeiten und Kleingeräte, die zur Reinigung in einer Waschstraße genutzt werden können.

Hinweis: Fragen Sie zu Beginn immer jedes Kind, ob es alle Formen der Reinigung durchlaufen möchte (Super-Hochglanz-Reinigung) oder – weil es z.B. kein Wasser am Kopf zulassen möchte – die Basis-Reinigung. Hierbei ist es Aufgabe der „Waschstraße", die Wünsche zu berücksichtigen!

Abschluss – Die Polizisten sind auf Schatzsuche

2–3 „Polizisten" sind mit Absperrband an der Stirn mit ihrem Polizeiauto (Schwimmbrett) im Becken unterwegs. Die anderen Kinder sind „normale Autos", die im Straßenverkehr umherfahren (ebenfalls mit ihren Schwimmbrettern). Doch aufpassen, ein Autofahrer ist ein gemeiner Dieb, er trägt den „Schatz" bei sich (kleiner Gegenstand). Diesen Dieb haben Sie zuvor geheim durch unauffälliges Antippen bestimmt. Die Polizisten haben nun die Aufgabe, durch Verfolgen und Befragen von anderen Autofahrern, den Dieb zu finden. Wie lange benötigen sie dafür?
Der Dieb hat die Möglichkeit, sobald er erkannt ist, die Flucht anzutreten und zum Beckenrand, zu Ihnen zu flüchten. Gelingt ihm dies, hat er gewonnen. Haben ihn vorher die Polizisten erwischt, haben diese gewonnen.

5. Tauchen nach Zahlen

Darum geht's Tauchen mit geöffneten Augen

Kompetenzerwartung Die Kinder haben die Möglichkeit, in einer sicheren Wassertiefe zu tauchen und dabei die Augen unter Wasser zu öffnen.

Material Bodenmarkierungs-Zahlenset (s. S. 8), 1 großer Schaumstoff-Würfel

Beckentiefe max. 0,9 m

Einstieg – freies Tauchen

Geben Sie den Kindern zunächst die Möglichkeit, frei nach den Zahlen zu tauchen. Hierbei werden diese mehrere Möglichkeiten finden, die Zahlen an die Wasseroberfläche zu holen. Sie werden mit den Füßen danach greifen, sie werden kurzzeitig untertauchen oder mit mäßiger Sicherheit danach tauchen. Einige Kinder möchten vielleicht unter Wasser die Augen noch nicht öffnen. Diese machen die Position der Zahlen über Wasser aus, schließen die Augen und tauchen anschließend danach – mit wechselhaftem Erfolg. Diese Beobachtungen zeigen Ihnen an, mit welcher Wassersicherheit sich die Kinder im Wasser fortbewegen.

Nutzen Sie den Aufforderungscharakter der Zahlen dazu, die Kinder nach verschiedenen Zahlen suchen zu lassen. *„Wer findet die Zahl 5?"* Dadurch entsteht nicht nur der Wettbewerbscharakter, die Zahl als Erstes zu finden und zu „erobern" – die Kinder müssen, um erfolgreich zu sein – sich überwinden und die Augen unter Wasser öffnen. Dieser positive pädagogische Nebeneffekt ergibt sich aus der Spielfreude mit den Zahlen.

Hauptteil – Zahlen-Memory®

Teilen Sie die Kinder paarweise ein. Jedes Paar erhält 5 Zahlen in doppelter Ausfertigung, also 10 Spielkarten. Die Zahlen werden umgedreht auf dem Beckenboden verteilt wie beim Kartenspiel auch. Beide Partner vermischen die Zahlen auf dem Beckenboden so, dass sie die Paare nicht mehr zuordnen können. Hier sollte fair gespielt werden!

Nun beginnt das Spiel. Jeder Spieler muss sich insgesamt zwei Karten vom Beckenboden auffischen und darf sich die Zahl an der Wasseroberfläche betrachten. Hat ein Spieler zwei gleiche Karten, hat er ein Pärchen, das er behalten darf, und kann einen weiteren Spielzug tätigen. Der Spieler mit den meisten Paaren hat gewonnen.

Tauschen Sie die Partner der Paare aus, sodass vielfältige Konstellationen entstehen.

Variationsmöglichkeiten, um den Schwierigkeitsgrad zu erhöhen: Je nach Spielstärke und Wassersicherheit kann die Anzahl der Karten erhöht werden. Die Karten sollen unter Wasser aufgedeckt und betrachtet werden ➔ Augen unter Wasser öffnen.

5. Tauchen nach Zahlen

Abschluss – Zahlen würfeln

Bilden Sie Mannschaften in 3er-Gruppen. Halten Sie einen großen Würfel bereit, möglichst einen aus Schaumstoff, der Feuchtigkeit gut aushalten kann und ggf. sogar schwimmen kann. Verteilen Sie zunächst die Zahlen von 2–12 verdeckt auf dem Beckenboden. Die Anzahl der Zahlen kann je nach Spiel-Variation erhöht werden. Würfeln Sie nun 2-mal eine Zahl, und addieren Sie die Werte. Rufen Sie das Ergebnis aus. Sobald ein Kind einer Mannschaft die Zahl gefunden hat, ruft es seine Mitspieler zusammen. Die Mannschaft, die als erste gemeinsam an der gesuchten Zahl versammelt steht, erhält den Punkt der Runde.

Bei weniger Kindern reichen auch ein Würfel und die Zahlenkarten von 1–6. Variieren Sie die Anzahl der Zahlenkarten und die Würfel-Regeln nach Belieben. Wenn es schwieriger sein soll, liegen deutlich mehr Zahlen als mögliche Würfelergebnisse im Becken.

6. Rund ums Ringe-Tauchen

Darum geht's Tauchen mit geöffneten Augen

Kompetenzerwartung Die Kinder haben die Möglichkeit, in einer sicheren Wassertiefe zu tauchen und dabei die Augen unter Wasser zu öffnen.

Material 12–15 Tauchringe (je mehr, desto besser), 2 Tauchreifen mit Gewichten, evtl. weitere Tauchspielzeuge

Beckentiefe 0,6–0,9 m

Vorbereitung

Ermöglichen Sie den Kindern, sich zu Beginn der Stunde frei im Wasser zu bewegen. Geben Sie hierfür verschiedene Tauchmaterialien mit in das Becken, damit sich die Kinder sowohl einschwimmen als auch eintauchen können.

Hinweis: Diese Stunde soll gezielt das Öffnen der Augen unter Wasser trainieren, während die vorherigen Stunden dies noch optional erlaubten. Das ist bei unsicheren Kindern immer eine große Herausforderung. Nach dem Auftauchen ist es oft mit „hektischem Wischen" durch das Gesicht verbunden. Das Öffnen der Augen ist jedoch wichtig, da es signalisiert, dass Wassersicherheit gewonnen wurde und in Körperöffnungen zugelassen wird. Des Weiteren bietet es dem Kind Sicherheit, sich unter Wasser zu orientieren, was sowohl für das Schwimmen als auch für das Tauchen Grundvoraussetzung ist.

Widmen Sie sich den Kindern, die damit noch Schwierigkeiten haben, in der offenen Vorbereitungssituation, um mit ihnen gezielt das Eintauchen mit offenen Augen zu üben. Versuchen Sie, sie gezielt dahin zu bringen, das Wischen nach dem Auftauchen für mindestens 5 Sekunden zu unterlassen. Zählen Sie diese laut mit. Fragen Sie anschließend das Kind, ob das Wasser in den Augen besonders gebrannt hat oder andere Schmerzen verursacht hat? Meistens erkennen die Kinder, dass dies gar nicht der Fall ist. Üben Sie dieses Vorgehen weiterhin, und erweitern Sie dabei die Sekundenzahl, bis die Kinder Sicherheit gewonnen haben und den „Countdown" gar nicht mehr brauchen.

Einstieg – Ringe-Tauchen mit geöffneten Augen

Stellen Sie sich an den Beckenrand außerhalb des Wassers. Verteilen Sie alle zur Verfügung stehenden Ringe im Becken. Hieraus kann die Idee eines Wettspiels „Lehrer gegen Kinder" entstehen, was die Motivation des Tauchens bei den Kindern steigert: Die Kinder haben die Aufgabe, so schnell wie möglich nach den Ringen zu tauchen und den heraufgeholten Ring auf die Beckenseite zu werfen, an der die Lehrkraft steht. Sie müssen ebenfalls mit hohem Tempo versuchen, so schnell wie möglich die Ringe zurück in das Wasser zu werfen. Wer als Erster entweder das Becken oder den Beckenrand frei von Ringen hat, hat die Runde gewonnen.

Die Position am Beckenrand sollte nur ein Erwachsener einnehmen, da durch die schnellen Richtungswechsel am nassen Beckenrand die Sturzgefahr für Kinder zu groß wäre. Achten Sie darauf, ob die Kinder beim Tauchen die Augen geöffnet haben. Wenn nicht, geben Sie ihnen den Tipp, dies zu probieren.

Hauptteil – Staffellauf durch den Tauchring

Stellen Sie den Kindern Tauch-Reifen bereit, die mit Gewichten versehen sind. Die Kinder haben nun zunächst in Partnerarbeit die Aufgabe, durch den Ring zu tauchen.

Stellen Sie anschließend zwei Mannschaften auf. Die eine Hälfte jeder Mannschaft stellt sich an einem Beckenrand auf, die andere Hälfte steht ihrer halben Mannschaft am

6. Rund ums Ringe-Tauchen

gegenüberliegenden Beckenrand gegenüber. Zwischen den beiden Mannschaftshälften steht jeweils ein Tauchreifen.

Die Aufgabe der Kinder ist nun, dass der Erste einer Mannschaftshälfte losschwimmt, durch den Ring taucht und zu seinem gegenüberliegenden Partner schwimmt. Dieser wird per Handschlag abgeklatscht und schwimmt auf die gleiche Weise zu seinem gegenüberliegenden Partner. Ist ein Kind auf die andere Seite gekommen und hat den Partner abgeschlagen, stellt es sich hinten in die Reihe wieder an wie bei einem Staffellauf. Die Mannschaft hat gewonnen, deren erster Schwimmer wieder als Erster vorne in der Reihe steht.

Erhöhter Schwierigkeitsgrad: die Anzahl der Schwimmreifen in der Mitte erhöhen und damit die Tauchdistanz erhöhen.

Abschluss – Fangen

Das Spiel verläuft ähnlich wie in der Turnhalle. Es werden ein oder zwei Fänger gewählt, die die übrigen Kinder jagen. Ist ein Kind gefangen, stellt es sich breitbeinig auf und kann befreit werden, indem ein anderes Kind durch seine Beine hindurchtaucht. Auch hier gilt die Regel: nur von hinten nach vorne durch die Beine tauchen, um einen möglichen Zusammenstoß zu vermeiden. Die Fänger dürfen vor dem Kind, das befreit wird, keine „Totenwache" schieben und es nach Beendigung des Tauchens sofort wieder einfangen. Kinder, die sich nicht trauen, durch die Beine des anderen zu tauchen, verabreden eine Ausnahme-Lösung, wie z.B. auf die Zehenspitzen zu tippen oder das Knie zu kitzeln.

7. Kopf unter Wasser – sicheres Tauchen

Darum geht's Tauchen mit geöffneten Augen

Kompetenzerwartung Die Kinder haben die Möglichkeit, in einer sicheren Wassertiefe zu tauchen und dabei die Augen unter Wasser zu öffnen.

Material 2–3 schwimmende Reifen, 4–5 Tauchreifen mit Gewichten, evtl. sinkendes Spielzeug

Beckentiefe ca. 0,9 m

Einstieg – Berufe raten

Teilen Sie Ihre Gruppe so ein, dass immer 2–3 Kinder zusammenspielen. Immer ein Kind aus der Gruppe denkt sich einen Beruf aus, der unter Wasser pantomimisch vorgeführt wird. Der Partner hat die Aufgabe, diesen unter Wasser zu erraten. Variation: Anstatt der Berufe können auch Sportarten, Filme etc. gespielt und erraten werden.

Hauptteil – Eislöcher in Alaska

Bauen Sie gemeinsam mit den Kindern eine Reifenlandschaft aus im Wasser stehenden Tauchreifen und Spielzeug nach Belieben. Wenn diese vollständig erbaut ist, werden die „Eislöcher" in Form von schwimmenden Reifen auf die Wasseroberfläche gelegt. Die Aufgabe der Kinder ist es nun, in der Unterwasserlandschaft zu tauchen. Wenn sie atmen müssen, dürfen sie dies allerdings nur in den „Eislöchern" tun, in den auf der Oberfläche schwimmenden Reifen.

Ist das Prinzip verstanden, können Sie aus diesem Parcours auch Wettbewerbs-Spiele machen. Z.B. sollen einzelne Kinder ein oder mehrere Spielzeuge unter Wasser aufsammeln und durch die „Eislöcher" an die Oberfläche bringen. Wer außerhalb der Eislöcher auftaucht, muss das Spielzeug wieder auf den Boden sinken lassen.

Abschluss – Höhlengang mit Schatz

Bauen Sie aus den Tauchreifen eine Gasse. Am Ende der Gasse liegt der Schatz (z.B. ein Tauchring o.Ä.). Ziel ist es nun, alle Tauchringe nacheinander zu durchtauchen und den Schatz mit nach oben zu bringen. Die Anzahl der Reifen und die Entfernung des „Schatzes" können variiert werden.

Cape Canaveral – im Raumfahrtzentrum

Darum geht's im Wasser gleiten und tauchen
Kompetenzerwartung Die Kinder lernen, eine zum Schwimmen und Tauchen vorteilhafte Körperhaltung einzunehmen und sich kraftvoll vom Beckenrand abzustoßen.
Material Schwimmbretter in Gruppenstärke
Beckentiefe max. 0,9 m

Vorbereitung

Ermöglichen Sie den Kindern, sich zu Beginn der Stunde frei im Wasser zu bewegen. Geben Sie hierfür verschiedene Tauchmaterialien mit in das Becken, damit sich die Kinder sowohl einschwimmen als auch eintauchen können.

Einstieg – Weittauchen

Stehen Sie gemeinsam mit den Kindern am Beckenrand außerhalb des Wassers. Fragen Sie die Kinder, wer sich traut, eine lange Strecke zu tauchen so weit die Kinder kommen. Lassen Sie immer ein Kind vortauchen und an der Stelle stehen bleiben, wo es aufgetaucht ist. Das nächste Kind soll versuchen, die Distanz seines Vorgängers zu übertreffen und weiter zu tauchen. Wiederholen Sie diesen Vorgang so oft, bis alle Kinder durch sind.

Hauptteil – Gleiten unter Wasser

Versammeln Sie alle Kinder außerhalb des Beckens im Kreis, und erläutern Sie die unten aufgeführten 5 Schritte zum Gleiten im Wasser. Machen Sie dies als Trockenübung außerhalb des Wassers vor. Verbalisieren Sie die 5 Schritte parallel zu Ihrer Ausführung. Um den Kindern die Vorstellung zu erleichtern, vergleichen Sie dies mit dem Aufbau einer Rakete.

Alle Schritte werden anschließend im Wasser von den Kindern zusammenhängend ausgeführt. Bis alle 5 Schritte korrekt ausgeführt werden, benötigen die Kinder Zeit und zwischendurch Ihre Korrekturhinweise:

1. *„Die Spitze der Rakete: Legt die Handinnenflächen aufeinander, und formt sie damit zu einer Spitze. Streckt die Arme weit nach oben aus, sodass ihr die Spitze der Rakete darstellt".*
2. *„Legt euren Kopf zwischen die Oberarme in Höhe eurer Ohren, sodass das Gesicht im Wasser liegt."*
3. *„Körper und Beine werden so gut wie möglich angespannt und gestreckt."*
4. *„Die Füße sind der Antrieb. Ihr stoßt euch mit dessen Hilfe fest vom Beckenrand ab und streckt anschließend eure Beine und Füße. Haltet dabei die Beine zusammen."*
5. *„Fertig ist die Rakete!"*

Hinweis: Die Kinder werden wahrscheinlich Schwierigkeiten haben, sich am Beckenrand so zu koordinieren, dass sie sich vom Beckenrand abstoßen können. Auch hier benötigen sie eine Erläuterung.

1. *„Dreht euch zur Beckenmitte."*
2. *„Haltet euch mit den Händen am Beckenrand fest."*
3. *„Drückt eure Fußflächen an die Beckenwand."*
4. *„Sinkt in dieser angewinkelten Hockposition unter Wasser."*
5. *„Formt eure Hände zur Raketenspitze, und streckt die Arme."*
6. *„Drückt euch nun fest vom Beckenrand ab, und gleitet durch das Wasser."*

8. Cape Canaveral – im Raumfahrtzentrum

Geben Sie den Kindern zunächst Zeit für sich, diese Übung ausprobieren und die neuen Erkenntnisse beim Tauchen anwenden zu können. Achten Sie darauf, dass genug Abstand zwischen den Kindern ist, sodass unter Wasser keine Unfälle passieren können. Beobachten Sie die Kinder, und geben Sie Ihnen Hilfestellungen vom Beckenrand aus.

Abschluss – Start der Raketen

Stellen Sie erneut alle Raketen am Beckenrand auf wie im ersten Teil der Stunde. Jedes Kind hat ein Schwimmbrett in den Händen – die Spitze der Rakete. Zählen Sie nun den großen Countdown herunter, der alle Raketen starten lässt.

Wie zu Beginn der Stunde können Sie diese Übung wiederholen und beobachten, wie weit die Kinder es diesmal schaffen, am Stück zu tauchen.

Vielleicht machen Sie auch ein kleines Wettspiel zum Abschluss daraus: Wie weit kommen die Kinder durch die beschriebene Technik des Abstoßens, ohne weitere Schwimmbewegungen zu machen? Welche Rakete hat also den besten „Rückstoß"?

Gleiten mit dem Schwimmbrett

Darum geht's im Wasser gleiten mit dem „Wechselbeinschlag"

Kompetenzerwartung Die Kinder gleiten mit Hilfe des Schwimmbretts im Wasser und versuchen, durch den Wechselbeinschlag zur anderen Beckenseite zu gelangen.

Material Schwimmbretter in Gruppenstärke

Beckentiefe max. 0,9 m

Einstieg – Feuer-Wasser-Blitz

Vereinbaren Sie gemeinsam mit den Kindern folgende Signale:

Feuer ➔ alle Kinder müssen untertauchen
Wasser ➔ mit den Beinen strampeln, dass das Wasser sprudelt und spritzt
Blitz ➔ in eine Ecke des Beckens schwimmen

Das Spiel wird ähnlich wie in der Turnhalle gespielt. Die Kinder bewegen sich frei im Wasser. Sie rufen eines der drei Signale, und die Kinder führen die entsprechende Bewegung aus. Zwischen den Signalen schwimmen die Kinder wieder frei im Becken.

Sobald diese Grundform gefestigt ist, erhalten die Kinder als neues Medium das Schwimmbrett. Mit Hilfe des Schwimmbretts wird der Fokus auf die stromlinienförmige Körperhaltung gelegt, die sowohl für das Brustschwimmen als auch für das Kraulschwimmen Grundvoraussetzung ist.

Bei der Benutzung des Schwimmbretts muss darauf geachtet werden, dass die Kinder die Hände in die dafür vorgesehenen Löcher legen, um das Brett festzuhalten. Sind keine Löcher vorhanden, wird das Brett seitlich festgehalten. Geben Sie den Kindern auch hier die Möglichkeit, diese Übung im Trockenen auszuprobieren, bevor sie diese ins Wasser übertragen.

Hauptteil – Gleiten mit dem Schwimmbrett

Versammeln Sie die Kinder in einem Kreis an Land. Wiederholen Sie gemeinsam mit ihnen die Lage der „Rakete" (siehe Angebot Nr. 8, S. 31).

1. *„Die Spitze der Rakete: Legt die Handinnenflächen aufeinander, und formt sie damit zu einer Spitze. Streckt die Arme weit nach oben aus, sodass ihr die Spitze der Rakete darstellt".*
2. *„Legt euren Kopf zwischen die Oberarme in Höhe eurer Ohren, sodass das Gesicht im Wasser liegt."*
3. *„Körper und Beine werden so gut wie möglich angespannt und gestreckt."*
4. *„Die Füße sind der Antrieb. Ihr stoßt euch mit dessen Hilfe fest vom Beckenrand ab und streckt anschließend eure Beine und Füße. Haltet dabei die Beine zusammen."*
5. *„Fertig ist die Rakete!"*

Übung 1:
„Übe die ‚Rakete' mit Unterstützung des Schwimmbretts."

Übung 2:
„Starte die ‚Rakete', und gleite so weit du kannst. Versuche, dich anschließend mit Hilfe des Wechselbeinschlags weiter fortzubewegen (vielleicht sogar bis zur gegenüberliegenden Beckenseite)."

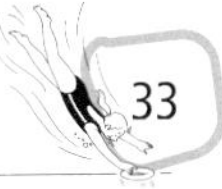

9. Gleiten mit dem Schwimmbrett

Übung 3:

„Suche dir einen Partner, und nehmt gemeinsam ein Schwimmbrett. Schiebt und zieht euch nun abwechselnd mit dem Schwimmbrett durch das Wasser. Versucht dabei, immer ins Wasser auszuatmen."

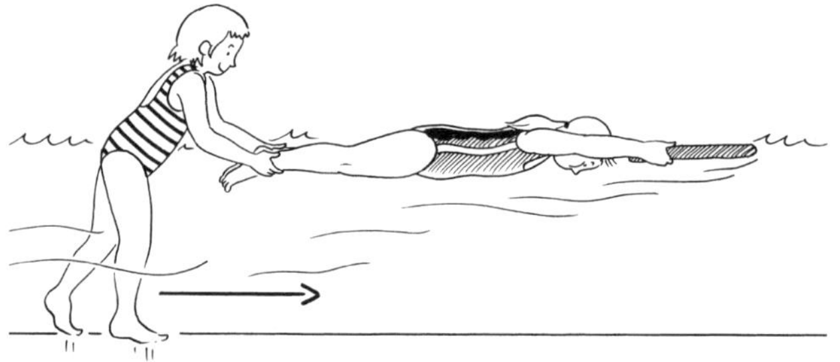

Diese Übungsform kann in mehreren Stunden wiederholt und gefestigt werden! Achten Sie darauf, dass das Gesicht möglichst nah am, bestenfalls im Wasser ist. Je weiter der Kopf aus dem Wasser ragt, desto eher gerät die gestreckte Körperlage in Schiefstellung. Damit ist kein Antrieb mehr möglich.

Erinnern Sie die Kinder regelmäßig daran, Körperspannung zu halten, Arme und Beine zu strecken, den Po anzuspannen und nahe der Wasseroberfläche zu halten.

Der Wechselbeinschlag

So heißt die Beintechnik, mit der man sich beim Kraulen und anderen Schwimmstilen fortbewegt.

Der Schwimmer liegt in Bauchlage, der Kopf ist gerade als Verlängerung der Wirbelsäule. Der Blick geht leicht nach vorne auf den Beckenboden.

Zum Üben halten sich die gestreckten Arme am Beckenrand fest. Die Beine führen schnelle, abwechselnde Auf- und Ab-Bewegungen durch. Dabei sind sie fast gestreckt, die Knie nur leicht gebeugt.

Beim Beinschlag kommen die Fersen bis kurz unter die Wasseroberfläche, aber nicht darüber.

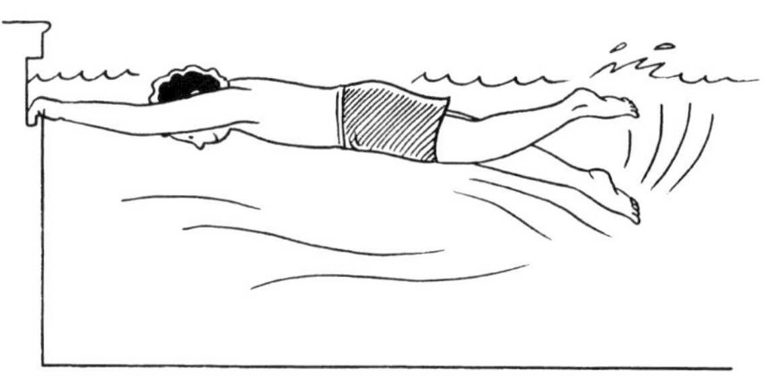

Abschluss – Fischer, Fischer, wie tief ist das Wasser?

Spielen Sie zum Abschluss diesen bekannten Klassiker – Spielbeschreibung siehe S. 12.

Rein ins Wasser – raus aus dem Wasser

Darum geht's das Wasser sicher betreten und verlassen

Kompetenzerwartung Die Kinder lernen auf vielfältige Weise, sicher ins Wasser zu gelangen und es wieder zu verlassen.

Material Schwimmbretter in Gruppenstärke

Beckentiefe 0,6 m–1,2 m

Einstieg – Froschjagd

Spielen Sie zum Aufwärmen die beliebte Froschjagd, beschrieben unter den „Bausteinen zum Selber-Kombinieren" ab S. 10.

Hauptteil – Feuer, Wasser, Blitz

Stellen Sie den Beckenboden, wenn möglich, auf 0,6 m. Spielen Sie zur Vorbereitung auf das Lernziel „Rein und raus aus dem Wasser" das Spiel „Feuer-Wasser-Blitz" mit veränderten Kommandos:

Feuer ➔ das Becken über die Leiter verlassen
Wasser ➔ sofort abtauchen
Blitz ➔ aus dem Becken herausklettern
(keine Leiter oder Treppen benutzen)

Anschließend folgt eine offene Arbeitsform im Rahmen eines Stationenlernens, in der die Kinder versuchen sollen, auf verschiedene Weisen in das Wasser zu gelangen. Achten Sie darauf, dass hier der Boden mindestens auf 0,9 m steht, damit keine Verletzungsgefahr besteht.

Vergrößern Sie die folgenden Stationskarten (S. 36) am Kopierer auf DIN A3, laminieren Sie sie und schneiden sie aus. So können Sie diese an verschiedenen Abschnitten des Beckenrands auslegen oder aufstellen, und die Kinder wissen, was sie an welcher Station tun sollen.

Abschluss – Staffellauf

Bilden Sie zwei Mannschaften. Jede Mannschaft verteilt sich gleichmäßig auf beide Beckenhälften – alle Kinder und Sie selbst stehen außerhalb des Wassers am Beckenrand. Auf Ihr Startsignal springen die ersten beiden Kinder ins Wasser, schwimmen durch das Becken, klettern auf der anderen Seite heraus und schlagen ihre Teampartner ab, damit diese ins Wasser springen können und zur anderen Seite schwimmen. Wer aus dem Wasser herausgeklettert ist, stellt sich hinten wieder in die Schlange. Die Mannschaft, deren erster Schwimmer wieder vorne in der Schlange steht, hat gewonnen (vgl. auch Spielprinzip des Staffellaufs in den „Bausteinen" ab S. 10).

Stationskarten „Rein ins Wasser!“

Springt von verschiedenen Stufen der Leiter/der Treppe ins Wasser!

Abb.: Norbert Höveler

Springt vom Beckenrand mit einer Schwimmnudel ins Wasser!

Abb.: Norbert Höveler

Springt vom Beckenrand schwungvoll mit angezogenen Knien ins Wasser!

Abb.: Norbert Höveler

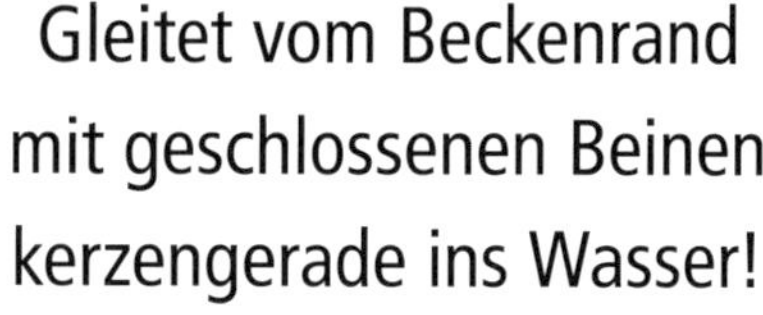

Gleitet vom Beckenrand mit geschlossenen Beinen kerzengerade ins Wasser!

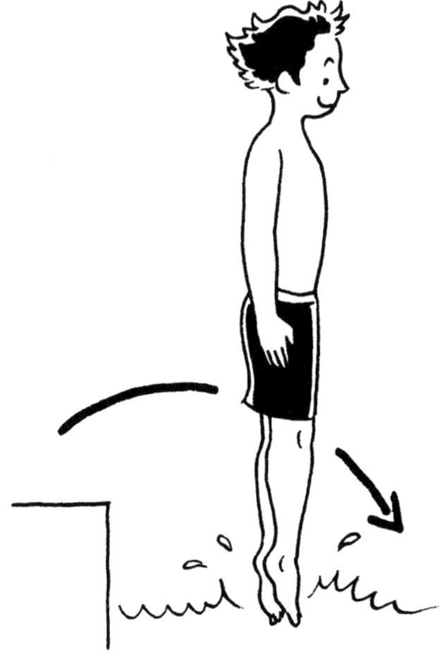

Abb.: Norbert Höveler

Springen in allen Varianten

Darum geht's das Wasser sicher betreten und verlassen

Kompetenzerwartung Die Kinder lernen auf vielfältige Weise, sicher ins Wasser zu springen und es wieder zu verlassen.

Material 20–40 leichte Plastik-Bällchen, evtl. langes Tau zum Teilen des Beckens, Schwimmbretter, Schwimm-Matten, Reifen, Schwimmnudeln nach Belieben

Beckentiefe 0,9 m–1,2 m

Einstieg – Haltet das Feld frei!

Bilden Sie 2 gleich große Mannschaften, die sich jeweils in einer Beckenhälfte versammeln. Teilen Sie das Becken ggf. durch ein Tau in 2 gleich große Felder. Beide Mannschaften versuchen, jeden Ball, der in ihrem Feld landet, in das gegenüberliegende Feld zu werfen. Beschränken Sie eine Runde auf eine bestimmte Zeit, z.B. 45–60 Sekunden. Zählen Sie auf jeden Fall die letzten 10 Sekunden laut mit, damit insbesondere in diesen Sekunden der Wettkampf noch einmal besonders angeregt wird. Die Mannschaft, die mit dem Abpfiff am wenigsten Bälle bzw. Reifen auf ihrer Seite liegen hat, hat gewonnen.

Hauptteil – Springen an Stationen

Verfahren Sie hier nach einem offenen Stationsbetrieb wie in Angebot 10 (S. 35) beschrieben. Stellen Sie den Kindern laminierte Kärtchen mit verschiedenen Formen des Springens zur Verfügung. Verwenden Sie dazu sowohl die Kärtchen aus Angebot 10 (S. 36) als auch die zusätzlichen auf der folgenden Seite (S. 38).

Abschluss – Vorführung

Zum Schluss zeigt jeder seinen schönsten Sprung: Egal ob mit Hilfsmittel oder ohne, ob gedreht oder gespritzt, jeder hat in dieser Stunde sein persönliches Ziel erreicht und tolle Leistungen erbracht. Jedes Kind darf präsentieren und erntet natürlich dafür auch gebührenden Applaus.

Falls es die Zeit zulässt, darf in einer zweiten Runde jedes Kind den Sprung des vorherigen Kindes nachmachen und anschließend einen eigenen Sprung vorführen, den dann wieder das nächste Kind imitiert. Das funktioniert am besten in Kleingruppen von max. 4–5 Kindern, damit die Aktivität aller möglichst groß ist und die Kinder nicht zu lange warten müssen, bis sie dran sind.

Stationskarten „Springen"

Springt von verschiedenen Stufen der Leiter/der Treppe rückwärts ins Wasser!

Abb.: Norbert Höveler

Springt vom Beckenrand durch einen Schwimmreifen oder über eine Schwimmnudel.

Abb.: Norbert Höveler

Springt auf eine Schwimm-Matte. Versucht, dort so lange wie möglich stehen zu bleiben.

Abb.: Norbert Höveler

Denkt euch euren eigenen Sprung ins Wasser aus!

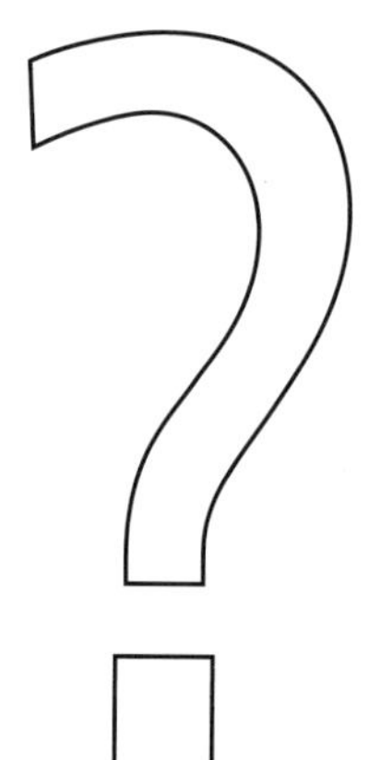

12. Schwimmen, schweben und sinken

Darum geht's Wasserdruck, Strömung und Oberflächenspannung kennenlernen

Kompetenzerwartung Die Kinder haben die Möglichkeit, die physikalischen Eigenschaften des Wassers kennenzulernen, u.a. den statischen und dynamischen Auftrieb, und für die eigene Fortbewegung zu nutzen.

Material –

Beckentiefe ca. 0,6 – 0,9 m

Einstieg – der Strudel

Bilden Sie je nach Größe der Gruppe 1–2 Kreise mit je 5–7 Kindern. Die Kinder nehmen sich innerhalb des Kreises fest an die Hand und gehen so weit zurück, dass der Kreis möglichst groß ist, sich aber noch alle Kinder an der Hand halten können. Jedes Team sucht sich eine Laufrichtung aus, in die der Kreis zunächst langsam, dann immer schneller gehen soll. Zunehmend wird durch den bewegten Kreis eine Strömung erzeugt.

Wenn die Strömung stark genug ist, rufen Sie eine Anweisung, z.B. *„Alle legen sich auf die Wasseroberfläche!"*. Sobald alle Kinder auf dem Rücken liegen, sich immer noch an den Händen haltend, lassen sie sich vom Strom tragen und schwimmen ohne eine weitere Fortbewegung auf der Wasseroberfläche im Kreis. Wiederholen Sie diesen Vorgang einige Male, damit die Auftriebskraft vollständig ausgenutzt werden kann.

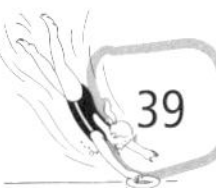

12. Schwimmen, schweben und sinken

Hauptteil – Auftrieb erfahren

Besprechen Sie in Form einer kurzen Reflexionsrunde, dass die Kinder die Kraft des Auftriebes erfahren haben, dass Wasser uns alle so leicht erscheinen lässt, dass es jeden von uns auf der Oberfläche trägt. Dass das Wasser nicht nur trägt, sondern auch versucht, den Körper oben zu halten, sollen die nächsten Übungen verdeutlichen. Diese haben das Ziel, den Kindern die Angst zu nehmen, im Wasser einfach „unterzugehen".

Aufgabe 1:

Jedes Kind sucht sich einen eigenen Platz im Wasser mit ausreichend Abstand zu anderen Kindern. Geben Sie den Impuls: *„Nehmt einen tiefen Atemzug, haltet die Luft an, und legt euch breitflächig auf die Wasseroberfläche."*

Aufgabe 2:

„Atme nun deine eingeatmete Luft langsam ins Wasser aus. Sobald deine Luft vollständig ausgeatmet ist, halte sie kurz an. Du merkst, wie dein Körper langsam beginnt, abzusinken. Versuche, die entstandene Atemnot so lange wie möglich auszuhalten, dann merkst du, wie dein Körper tatsächlich auf den Boden sinkt."

Achtung: Achten Sie dabei ganz genau auf die Reaktionen der Kinder. Die Übung ist zwar an sich ungefährlich, jedoch sollten die Kinder nicht versuchen, sich hier gegenseitig mit Luftanhalten zu überbieten. Wie bei jeder Tauchaufgabe gilt: ganz besonders aufmerksam beobachten! Bei dieser Übung sind viele Wiederholungen notwendig, bis das Gefühl der Atemnot ausgehalten und die notwendige Ruhe aufgebracht werden kann, den Körper vollständig absinken zu lassen.

Reflexion – Auftrieb thematisieren

Besprechen Sie mit den Kindern im Trockenen (z.B. im Sitzkreis am Beckenrand oder zurück im Klassenraum) das Phänomen des Schwimmens und Sinkens von Körpern im Wasser:

- In welchen Fällen schwimmt ein Körper an der Oberfläche?
- In welchen Fällen sinkt ein Körper auf den Grund?
- Wann schwebt ein Körper im Wasser?

Lassen Sie die Übung Revue passieren: Als die Kinder die Luft anhielten, konnten sie auf der Oberfläche treiben, nach dem Ausatmen sanken sie langsam auf den Grund. Woran liegt das? Hierfür bieten sich weitere Versuche mit Gegenständen im Wasserbecken an (z.B. Tauchspielzeuge).

Physikalischer Hintergrund

Der Mensch hat eine Dichte von ca. 1,055 g/cm^3, während Wasser eine Dichte von genau 1 g/cm^3 besitzt. Damit ist der Mensch geringfügig schwerer als Wasser und sinkt ohne eigenen Antrieb langsam nach unten. Atmet man jedoch tief ein und hält die Luft an, verringert die Luft in den Lungen die Dichte des Menschen – es entsteht Auftrieb im Wasser: Man treibt auf der Oberfläche.

Abschluss – Zahlenfangen

Spielen Sie zum Abschluss und zum Auspowern (der Hauptteil war ja körperlich nicht so intensiv) das beliebte „Zahlenfangen", beschrieben in den „Bausteinen" auf S. 13.

„Tierisches" Schwimmen

Darum geht's Auftriebshilfe zur Fortbewegung nutzen

Kompetenzerwartung Die Kinder haben die Möglichkeit, sich mit Unterstützung einer Auftriebshilfe aus eigenem Antrieb fortzubewegen. Dabei soll eine Mindeststrecke von einer Bahn zurückgelegt werden (Differenzierung: Längsbahn/Querbahn)

Material Schwimmbretter und Schwimmnudeln (mind. in Gruppenstärke, je mehr, desto besser)

Beckentiefe 0,9–1,2 m

Einstieg – Schildkrötendrehen

Jedes Kind erhält eine Schwimmnudel oder ein Schwimmbrett. Es werden 2 „Jäger" bestimmt, die versuchen, die „Schildkröten" auf den Rücken zu drehen. Die Schildkröten versuchen, sich durch Körperspannung und festen Halt auf dem Brett oder ihrer Schwimmnudel zu halten. Umgedrehte Schildkröten werden zum Jäger, die ehemaligen Jäger zur Schildkröte.

Achtung: Bitte respektvoll und gefahrenbewusst miteinander umgehen – kein unnötiges Tunken, Schubsen o.Ä.!

Hauptteil – verschiedene Fortbewegungsarten testen

Stellen Sie den Kindern eine Vielzahl von Schwimmbrettern und Schwimmnudeln zur Verfügung. Sie haben nun die Möglichkeit, sich wie Tiere im Wasser fortzubewegen. Arbeiten Sie auch hier wieder mit laminierten und ausgeschnittenen Kärtchen zur Visualisierung. Teilen Sie die Klasse in kleine Grüppchen von 3–4 Kindern ein, die sich wechselseitig mit je einer Bewegungsform auseinandersetzen. Die Kinder suchen die Materialien selbst zusammen und versuchen, die dargestellten Fortbewegungsarten nachzumachen.

Abschluss – Wasserzirkus

Aufgabe: *„Denke dir mit deinem ausgedachten Tier (eines von den vorgegebenen Karten oder ein selbstausgedachtes) ein kleines Kunststück aus oder eine akrobatische Wasservorführung. Hierfür hast du 3–5 Minuten Zeit."*

Anschließend erfolgt eine kleine Zirkusdarbietung, bei der alle anderen Kinder zugucken, anfeuern und selbstverständlich applaudieren.

Stationskarten „Tierisches“ Schwimmen

Seepferdchen

Setze dich aufrecht auf eine Schwimmnudel. Bewege dich mit Armen und Beinen nach vorne.

Abb.: Norbert Höveler

Axolotl

Lege dich quer über 2 Schwimmnudeln. Bewege dich mit Armen und Beinen nach vorne.

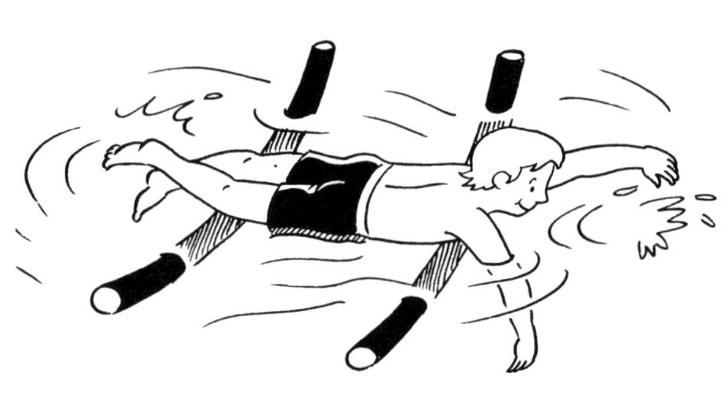

Abb.: Norbert Höveler

Robbe

Lege dich mit dem Oberkörper auf ein Schwimmbrett. Bewege dich mit Armen und Beinen nach vorne. Nimm dabei den Kopf unter Wasser.

Abb.: Norbert Höveler

Hund

Lege dich mit dem Oberkörper längs über eine Schwimmnudel. Schaufele mit deinen Armen, und paddele mit deinen Beinen. Schwimme eine ganze Bahn!

Abb.: Norbert Höveler

Ausatmen unter Wasser

Darum geht's bewusst ins Wasser ausatmen/im tiefen Wasser zurechtfinden und Sicherheit gewinnen

Kompetenzerwartung Die Kinder verlassen die sichere Wassertiefe und gewöhnen sich an das tiefe Schwimmbecken – dabei orientieren sie sich räumlich und gewinnen Sicherheit. Außerdem üben sie das bewusste Ausatmen ins Wasser.

Material Pustebälle (so genannte „Eggflips" oder „Ufos") in Gruppenstärke

Beckentiefe 0,9 und 1,5 m

Vorbereitung

Für diese Stunde benötigen sie die so genannten „Eggflips", (auch „Pustebälle" oder „Ufos" genannt, weil sie die Form eines Ufos haben).

Zur Handhabung: Ziel der Eggflips ist es, eine kontrollierte Atmung ins Wasser zu erreichen. Die Konstruktion der Eggflips sieht vor, dass die beiden Halbkugeln nicht genau mittig auf der dazwischenliegenden Scheibe platziert sind, damit sie sich beim Pusten im Wasser drehen können. Durch die Zweifarbigkeit der Eggflips erhält das Kind die sofortige Rückmeldung, ob es erfolgreich war.

Wann dreht sich ein Eggflip? Da das Spielzeug genau auf Höhe der Wasseroberfläche horizontal angepustet werden muss, damit es sich dreht, hat dies den netten Nebeneffekt, dass die Kinder nicht merken, wie schnell sie sich dem Wasser nähern. Wird ein Eggflip von oben angepustet, dreht es sich nicht. Daher wird die Motivation des Kindes schnell angeregt, das Ufo zum Drehen zu bringen. Auf diese Weise kann die Angst des Wasserschluckens reduziert werden.

Übung 1: Ufos drehen

Führen Sie die Eggflips und die Übung damit noch im flachen Wasser ein. Jeweils 2 Kinder finden sich zu Paaren zusammen und erhalten einen Eggflip. Diesen legen die Kinder genau zwischen sich auf die Wasseroberfläche. Nun versuchen die Kinder, durch Pusten knapp über der Wasseroberfläche den Eggflip abwechselnd zu drehen. Mit ein wenig Übung geht das immer schneller …

Stellen Sie weiterführende Aufgaben an die Partner:

1. *„Findet heraus, wie und wann sich das Ufo am besten dreht."*
2. *„Bringt das Ufo dazu, sich zu drehen. Wechselt euch dabei ab, jeder hat eine Farbe."*
3. *„Wie oft bringt ihr das Ufo dazu, sich in einer Minute zu drehen?"*
4. *„Wettrennen: Startet auf einer gemeinsamen Startlinie. Pustet das Ufo sooft wie möglich um, sodass ihr schnellstmöglich am Beckenrand angekommen seid. Derjenige, der als Erster das Ziel erreicht hat, hat gewonnen."*

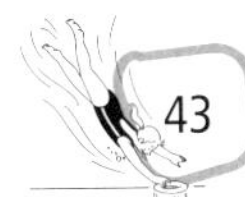

14. Ausatmen unter Wasser

Übung 2: Wörterraten

Begeben Sie sich mit den Kindern nun in tieferes Wasser, sodass niemand mehr stehen kann (ab ca. 1,5 m). Lassen Sie die gebildeten Paare bestehen. Sie sollen sich nun unter Wasser verschiedene Wörter zurufen. Dabei sind beide Köpfe unter Wasser, aber nur einer spricht. Wieder über der Wasseroberfläche aufgetaucht bzw. am Beckenrand, errät der Partner das unter Wasser ausgesprochene Wort. Erinnern Sie die Kinder daran, während des Eintauchens auszuatmen – so kommt kein Wasser in Mund und Nase.

Übung 3: Sprudelnde Quelle

Legen Sie 3–4 Schwimmreifen auf die Wasseroberfläche. Für jeden Reifen sind 3–4 Kinder verantwortlich, die sich gemeinsam unter einen Reifen stellen. Hierbei nicht beim Eintauchen ins Wasser ausatmen, sondern die Luft anhalten. Erst wenn sich alle Kinder unter dem Reifen versammelt haben, pusten alle gemeinsam so viel Luft aus, dass an der Wasseroberfläche ein möglichst hoher Sprudel im Inneren des Reifens entsteht. Die außen stehenden Kinder können beurteilen, welche Quelle am höchsten gesprudelt hat.

Abschluss – Haltet das Feld frei!

Bilden Sie 2 gleich große Mannschaften, die sich jeweils in einer Beckenhälfte treffen. Teilen Sie das Becken durch ein Tau in 2 gleich große Felder. Beide Mannschaften versuchen, jeden Ball, der in ihrem Feld landet, in das gegenüberliegende Feld zu werfen. Durch die große Aktivität innerhalb des Beckens lernen die Kinder schnell, Wasserspritzer im Gesicht zuzulassen. Beschränken Sie eine Runde auf eine bestimmte Zeit, z.B. 45–60 Sekunden. Zählen Sie auf jeden Fall die letzten 10 Sekunden laut mit, damit insbesondere in diesen Sekunden der Wettkampf noch einmal besonders angeregt wird. Die Mannschaft, die mit dem Abpfiff am wenigsten Bälle bzw. Reifen auf ihrer Seite liegen hat, hat gewonnen.

Das kann ich schon! – Die Seestern-Prüfung

Darum geht's Grundfertigkeiten der Wasserbewältigung überprüfen

Kompetenzerwartung Die Kinder haben die Möglichkeit, durch das Angebot der Aufgabenkarten ihre Kompetenzen der Wasserbewältigung selbst einzuschätzen, diese zu üben und anschließend überprüfen zu lassen.

Material –

Beckentiefe ca. 0,9 m

Die Seestern-Prüfung

Absolvieren Sie gemeinsam mit den Kindern die folgenden Übungen, damit Sie eine Übersicht über erreichte und noch nicht vorhandene Kompetenzen im Bereich Wassergewöhnung/Wasserbewältigung erhalten.

In der allerersten Stunde haben Sie die Wasser-Fähigkeiten der Kinder in drei Gruppen unterteilt (S. 16). Die noch etwas unsicheren Nichtschwimmer waren die „Seesterne". Nehmen Sie ggf. darauf Bezug, dass die Seesterne nun so weit sind, die nächste Fähigkeitsstufe im Wasser zu erreichen. Geben Sie den Kindern die Möglichkeit, im Laufe eines offenen Stationsverfahrens (siehe Bildkarten S. 46), die aufgeführten Übungen noch einmal für sich zu vertiefen und zu üben.

Sie können sich der Reihe nach ein Kind aus der Gruppe auswählen, das die Prüfung durchführt. Hat ein Kind diese Prüfung bestanden, erhält es eine Urkunde (S. 48) als Belohnung.

Die folgenden Stationskarten können Sie nun kopieren, laminieren und als Übungsmaterial auslegen. So haben die Kinder die Möglichkeit, die noch etwas unsicheren Übungen zu vertiefen, bevor diese in der Prüfung abgenommen werden.

Mit dem Beobachtungsbogen (S. 47) haben Sie die Möglichkeit, sich zu den einzelnen Kriterien Notizen aufzuschreiben. Diese können Sie zur Förderung einzelner Kinder benutzen, die möglicherweise in dem ein oder anderen Punkt noch unsicher sind.

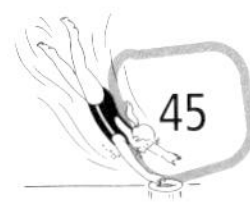

Bildkarten „Das kann ich schon!“

Ich kann auf der Wasseroberfläche liegen und treiben.

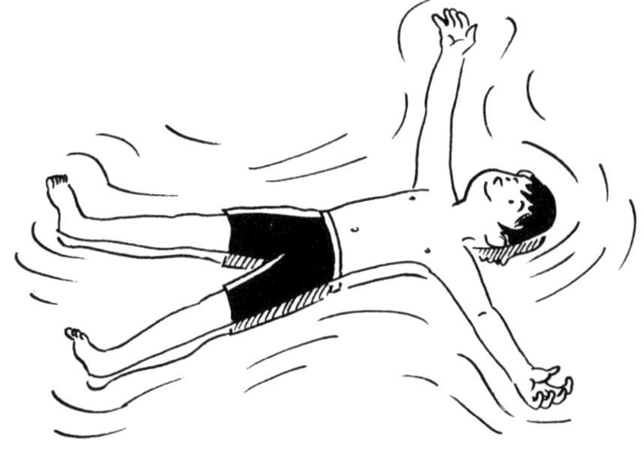

Abb.: Norbert Höveler

Ich kann mit geöffneten Augen einen Gegenstand vom Beckenboden heraufholen.

Abb.: Norbert Höveler

Ich kann mich mit einem Schwimmbrett eine ganze Bahn fortbewegen.

Abb.: Norbert Höveler

Ich kann durch einen Schwimmreifen ins Wasser springen.

Abb.: Norbert Höveler

Ich kann mich ohne Schwimmhilfe eine ganze Bahn fortbewegen.

Abb.: Norbert Höveler

Ich kann das Wasser jederzeit sicher betreten und verlassen.

Abb.: Norbert Höveler

Wasserbewältigung – Beobachtungsbogen

Name	auf der Oberfläche treiben	Gegenstand heraufholen	Bahn schwimmen mit Schwimmhilfe	Bahn schwimmen ohne Schwimmhilfe	durch Reifen ins Wasser springen	Wasser sicher betreten und verlassen

++ sehr sicher + sicher O weiter üben – Förderbedarf

Die Seestern-Prüfung

Urkunde

____

hat die Seestern-Prüfung mit allen erforderlichen Aufgaben bestanden.

Du kannst jetzt im tiefen Wasser schwimmen –
Herzlichen Glückwunsch!

____

Unterschrift des Prüfers

Abb.: Norbert Höveler

© Verlag an der Ruhr | Autorin: Friederike Neubauer | Rahmenelement: Verlag an der Ruhr | ISBN 978-3-8346-2321-8 | www.verlagruhr.de

16. Ans tiefe Wasser gewöhnen

Darum geht's in offener Situation das tiefe Wasser kennenlernen

Kompetenzerwartung Die Kinder haben die Möglichkeit, mit Hilfe verschiedener Materialien und kleiner Schwimmübungen das tiefe Wasser kennenzulernen und sich darin zu bewegen.

Material Schwimmbretter, Schwimmnudeln und große Schwimmbretter nach Belieben; 1 große Schwimm-Matte, 15–20 Schwimmringe

Beckentiefe ca. 1,5–2 m

Einstieg – freies Bewegen im tiefen Wasser

Überraschen Sie die Kinder, und stellen Sie den Beckenboden auf eine Mindesttiefe von 1,50 m ein bzw. verlagern Sie die Stunde zum Schwimmerbecken. Sofern alle Kinder die Seestern-Prüfung (S. 45) bestanden haben und Sie den vorherigen Stundenverlauf als methodische Vorgehensweise genutzt haben, sollte das tiefe Wasser die Kinder theoretisch nicht beunruhigen. Allerdings kann die große Wassertiefe das ein oder andere Kind doch etwas erschrecken – vor allem solche, die neben der Schule sonst nicht oder selten ein Schwimmbad besuchen und nur die bisherige Wassertiefe von 0,9 m kennengelernt haben.

Die Kinder müssen nun begreifen, dass es das gleiche Wasser mit den gleichen Eigenschaften wie zuvor ist. Daher eignet sich für den Anfang eine offene Schwimmsituation, in der sich die Kinder frei bewegen und die Wassertiefe ausprobieren können. Als Unterstützung können Sie ihnen vertraute Materialien zur Verfügung stellen, wie z.B. Schwimmnudeln, Schwimmbretter etc.

Hauptteil – der Schatz von Ko Samui

Legen Sie in die Mitte des Beckens eine große Schwimm-Matte. Ein Kind, das sich bereits sicher fühlt, wird zum „Schatzwärter" ernannt und darf sich auf die Matte setzen. Die anderen Kinder verteilen sich ringsherum am Beckenrand. Sie sind die „Schatzjäger". Der Schatzwärter verteilt auf seiner Matte 15–20 Schwimmringe, die er streng bewacht.

16. Ans tiefe Wasser gewöhnen

Nun müssen die Schatzjäger versuchen, zur Insel zu schwimmen und sich immer einen Ring pro Versuch zu schnappen. Hat ein Jäger einen Ring erbeutet, bringt er diesen zurück zum Beckenrand und legt ihn dort ab. Nun versucht er erneut, einen Schatz (einen Ring) zu erbeuten. Hat der Schatzwärter verhindert, dass ein Schatzjäger an den Schatz kommt, indem er ihm auf die Finger geklatscht hat oder an einer anderen Stelle berührt hat (jede Berührung gilt), wird der Schatzjäger zum „Hai", der nun im Auftrag des Schatzwärters die Insel bewacht. Die Hai-Zone liegt nur dicht an der Insel, nicht überall im Spielfeld. Jeder Jäger, der von einem Hai gefangen wird, wird automatisch auch zum Hai. Das Spiel endet entweder dann, wenn alle Ringe erbeutet sind oder alle Jäger zu einem Hai geworden sind.

Abschluss – Sonnen und Entspannen am Strand von Ko Samui

Stellen Sie den Kindern Schwimmnudeln zur Verfügung, in die sie sich hineinlegen können und dabei entspannen können. Sie können auf der Schwimmnudel reiten, sich dort hineinlegen oder darin paddeln.

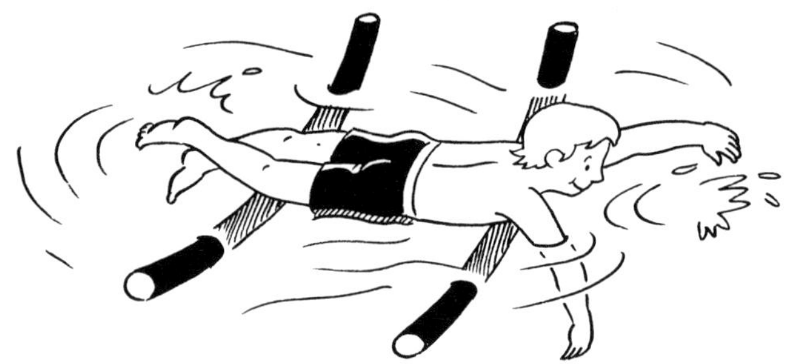

17. Hundepaddeln – auf dem Weg zum Kraulen

Darum geht's im Wasser gleiten mit Wechselbeinschlag
Kompetenzerwartung Die Kinder haben die Möglichkeit, mit oder ohne Hilfe des Schwimmbretts, sich durch eine Vorform des Kraulens im Wasser fortzubewegen.
Material Schwimmbretter und Schwimmnudeln in Gruppenstärke
Beckentiefe 0,6–0,9 m

Einstieg – Tierfangen im Meer

Spielen Sie zum Einstieg dieses motivierende und dynamische Spiel, beschrieben in den Bausteinen auf S. 12.

Hauptteil – Übungen zum „Hundeln"

Die Aufgabe der Kindes ist es, sich mit Hilfe eines Schwimmbretts fortzubewegen. Diese Fortbewegungsform nennt sich „Hundeln" oder „Hundepaddeln", da es einem Hund im Wasser sehr ähnelt. Der Vorteil des Hundelns ist, dass die Kinder noch nicht den Kopf im Wasser haben müssen und so den Schwierigkeiten mit der anspruchsvollen Atemtechnik aus dem Weg gehen können.
Führen Sie diese Übung wieder im flachen Wasser aus, optimal sind 0,6 m.

Die Kinder legen sich bauchwärts auf ein Schwimmbrett oder eine Schwimmnudel und versuchen, sich darauf fortzubewegen. Die Hände formen dazu eine Art „Schaufel", die sich wie ein Raddampfer vor dem Körper bewegt. Die Finger sind dabei nicht gespreizt, sondern geschlossen, damit die Kraft zur Fortbewegung genutzt werden kann und nicht durch die gespreizten Finger verschwindet.

Achten Sie beim Fortbewegen jetzt schon darauf, dass die Kinder ihre Arme weit nach vorne strecken. Je früher diese damit beginnen, desto schneller gelingt der Übergang zum späteren Kraulen.

Auch die Beine helfen mit: Erinnern Sie die Kinder an den Wechselbeinschlag aus der Unterrichtseinheit 9 (S. 33). Auch durch das kräftige Auf und Ab der Beine und eine gerade, gespannte Körperhaltung kann das spätere Kraulen hier schon angebahnt werden.

Verwenden Sie die offenen Stationskarten auf der folgenden Seite (S. 52) wie in den vorherigen Unterrichtseinheiten als ausgeschnittene und laminierte Kurzanleitungen.

Abschluss – die Wasserschlange

Alle Kinder fassen sich an den Händen oder an den Schultern und bilden eine Schlange. Hierbei ist es abhängig von der Gruppengröße, ob die Kinder eine Schlange bilden oder zwei. Ziel ist es, dass der Kopf der Schlange sein Schwanzende (oder das der anderen Schlange) erwischt. Der Mittelteil der Schlange hat vor allem die Aufgabe, die Gruppe beisammenzuhalten. Der Schlussteil der Schlange versucht, dem „Kopf" auszuweichen: enorm spaßig und toll zum Auspowern am Schluss!

Stationskarten „Hundeln"

Hundeln – Übung 1

Paddele auf einer Schwimmnudel.
Nutze dabei den Wechselbeinschlag.

Abb.: Norbert Höveler

Hundeln – Übung 2

Paddele auf einem Schwimmbrett.
Nutze dabei den Wechselbeinschlag.
Atme unter Wasser aus.

Abb.: Norbert Höveler

Hundeln – Übung 3

Paddele ohne Schwimmhilfe.
Nutze dabei den Wechselbeinschlag.

Abb.: Norbert Höveler

Hundeln – Übung 4

Paddele ohne Schwimmhilfe.
Nutze dabei den Wechselbeinschlag.
Tauche zwischendurch ab, und hole einen Ring vom Beckenboden.

Abb.: Norbert Höveler

18. Der Kraulbeinschlag

Darum geht's Erlernen des Kraulbeinschlags

Kompetenzerwartung Die Kinder erlernen den Kraulbeinschlag durch verschiedene Übungen im Trockenen und im Wasser und nutzen ihn zur effektiveren Fortbewegung.

Material Schwimmbretter und Schwimmnudeln in Gruppenstärke, schwimmende und sinkende Wasserspielzeuge nach Belieben, evtl. Gummimatten für Trockenübungen

Beckentiefe 1,5–2 m

Einstieg – Zahlenfangen im tiefen Wasser

Alle Kinder werden durchnummeriert, jedes Kind sollte seine eigene Nummer kennen. Alle Kinder verteilen sich im Becken. Zu Beginn jeder Runde rufen Sie 2–3 Zahlen laut in die Menge. Die Kinder mit der aufgerufenen Zahl sind die Fänger, die die Aufgabe haben, innerhalb einer Minute so viele Kinder wie möglich zu fangen.

Jedes Kind, das gefangen wurde, schwimmt schnell zum Beckenrand und wartet die kurze Zeit ab, bis eine neue Runde beginnt. Eine Runde sollte nicht länger als eine Minute dauern, damit schnelle Wechsel stattfinden.

Hauptteil – den Beinschlag erarbeiten

Erläutern Sie zu Beginn den Beinschlag im Trockenen am Beckenrand. Es ist wichtig, dass die Bewegung locker aus der Hüfte erfolgt. Die Beine und die Füße sind gestreckt und werden durch die Kraft der Oberschenkel auf und ab bewegt.

Viele Kinder machen die typische Bewegung des Fahrradfahrens, d.h., sie ziehen die Knie an und „treten" in das Wasser. Dies ist von Anfang an zu vermeiden. Achten Sie unbedingt darauf, dass die Bewegung aus der Hüfte erfolgt und die Unterschenkel Richtung Gesäß gezogen werden. Durch das Strecken des Oberkörpers erhalten die Kinder die richtige Körperhaltung.

Lassen Sie die Kinder anschließend nach Ihrem kleinen theoretischen Exkurs verschiedene Übungen zum Kraulbeinschlag ausführen.

Übung 1: Beinschlag im Trockenen

Die Kinder führen den Beinschlag im Trockenen am Beckenrand oder auf einer Gummimatte aus.

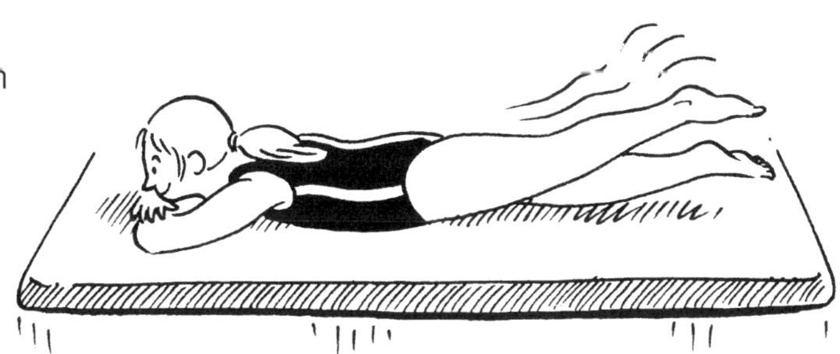

Übung 2: Beinschlag sitzend am Beckenrand

Die Kinder setzen sich möglichst nah an den Beckenrand mit Blickrichtung ins Wasser. Die Füße sind im Wasser. Der Po ist in der Beckenkante (im Überlauf, falls vorhanden) „eingekeilt". Die Kinder lehnen sich nun möglichst weit nach hinten. Sie dürfen sich, um das Gleichgewicht zu halten, auch mit den Armen abstützen. Nun führen die Kinder den Beinschlag im Wasser aus, während sie am Beckenrand sitzen bleiben.
Ein besonderer Anreiz für die Kinder ist es, wenn Sie sich ins Wasser stellen und versuchen dürfen, Sie mit dem Beinschlag nass zu spritzen. Bitte beachten Sie, dass Sie als Lehrkraft nur dann ins Wasser dürfen, wenn sich alle Kinder außerhalb des Beckens befinden. Sitzend am Beckenrand mit den Beinen im Wasser ist aber okay.

18. Der Kraulbeinschlag

Übung 3:
Beinschlag im Wasser am Beckenrand

Nachdem Sie selbst das Becken wieder verlassen haben, führen die Kinder den Beinschlag nun im Wasser aus. Dabei halten sie sich am Beckenrand mit den Armen fest, strecken die Arme, machen den Körper ganz lang und führen den Kraulbeinschlag aus. Wer möchte, kann unterstützend eine Schwimmnudel verwenden, bei Schwierigkeiten, die Körperspannung zu halten. Mit dieser Unterstützung können sich die Kinder ganz auf den Beinschlag konzentrieren und müssen sich keine Gedanken über den Auftrieb machen.

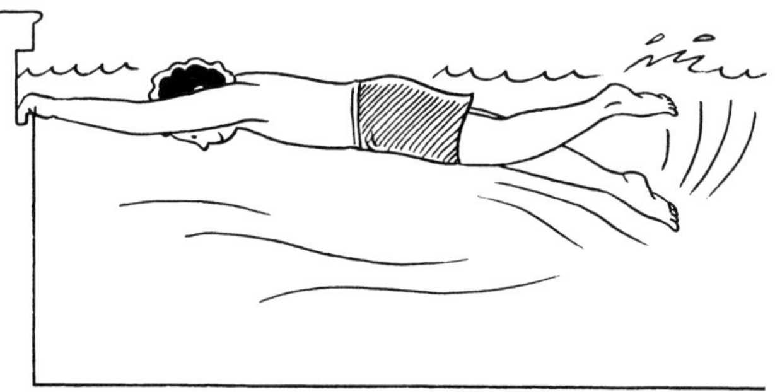

Übung 4:
Beinschlag zur Fortbewegung nutzen

Ist der Beinschlag einigermaßen gesichert, können die Kinder versuchen, diesen nun auch zur Fortbewegung zu nutzen. Dazu nehmen sie sich ein Schwimmbrett (wer es sich zutraut, versucht es ohne Hilfsmittel) und stoßen sich damit vom Beckenrand ab. Die Kinder nehmen den Schwung mit und beginnen während des Treibens mit dem Wechselbeinschlag. Die Fortbewegung soll hier nur durch die Beine kommen. Die Arme halten sich am Schwimmbrett fest oder liegen eng am Körper an. Der Kopf sollte zum Ausatmen unter Wasser gehen. Wer schafft eine ganze Bahn ausschließlich durch die Beinarbeit?

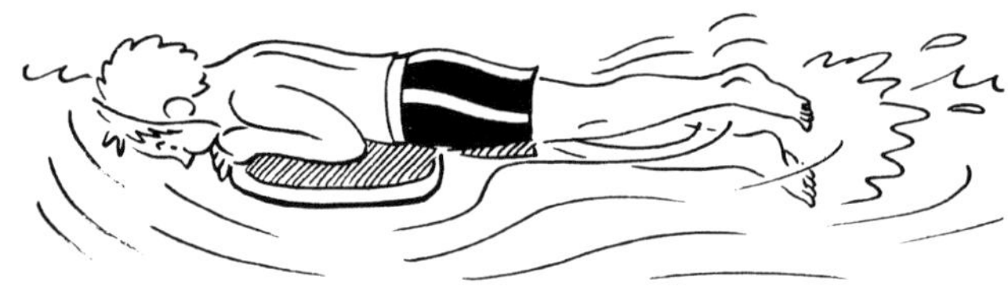

Abschluss – Transporter

Verteilen Sie verschiedene Wasser- und Tauchspielzeuge im Becken (schwimmende Materialien, die an der Wasseroberfläche bleiben [Bällchen] und sinkende Materialien, wie Ringe, Gummi-Tiere etc.). Je mehr Materialien Sie finden, desto mehr Spaß kommt bei den Kindern auf.

Jedes Kind erhält eine „Ladefläche" (ein Schwimmbrett). Die Aufgabe aller Kinder ist es nun, das komplette Feld aufzuräumen, die Ladefläche zu beladen und zum Beckenrand zu bringen. Dabei dürfen sich die Kinder ausschließlich durch Beinarbeit fortbewegen. Die Arme halten das Schwimmbrett fest und sammeln die Gegenstände auf. Dafür müssen die Kinder zwischendurch auch untertauchen.

Stoppen Sie dabei die Zeit, wie lange die Gruppe benötigt, das komplette Feld aufzuräumen. Werden die Kinder im Laufe der nächsten Zeit schneller? Sie können die Zeit der Kinder als Herausforderung nennen, damit diese sich von Mal zu Mal, wenn sie dieses Spiel spielen, steigern.

Ringen mit dem Kraulbeinschlag

Darum geht's Festigen des Kraulbeinschlags

Kompetenzerwartung Die Kinder festigen den Kraulbeinschlag durch verschiedene Übungen, und nutzen ihn zur effektiveren Fortbewegung.

Material 2 große Schwimm-Matten, 2 Schwimmbretter

Beckentiefe ca. 0,9 m

Einstieg – Mattenklatschen

Legen Sie 2 große Schwimm-Matten in einem Abstand von ca. 1,5–2 m vor den Beckenrand ins Wasser. Bilden Sie 2 Mannschaften. Die jeweiligen Mannschaftsmitglieder stellen sich paarweise auf. Jedes Paar hat nun die Möglichkeit, gemeinsam loszulaufen und die Matte einmal (nicht mehrmals und auch kein anschließendes Abstoßen) umzuwerfen (zu „klatschen"). Anschließend läuft dieses Paar zurück zu seiner Mannschaft und stellt sich wieder hinten in die Reihe an, sodass das nächste Paar loslaufen kann.

Abschluss – Hase und Jäger

Denken Sie sich zu drei Kommandos dazugehörige Bewegungen aus, z.B.:

„Hase!" ➔ auf allen Vieren stehen (Kopf unter Wasser)
„Jäger!" ➔ in Schießposition gehen
„Deckung!" ➔ untertauchen

Die Kinder verteilen sich im Becken. Rufen Sie nun abwechselnd die Kommandos. Macht ein Kind eine falsche Bewegung, ist es für den Rest der Runde ausgeschieden und schwimmt an den Beckenrand. Wer zum Schluss übrig bleibt, hat gewonnen.

Hauptteil – Beinschlag-Wettkampf

Bauen Sie gemeinsam mit den Kindern eine „Ringkampf-Spielfläche". Bilden Sie dazu einen Kreis (je größer, desto schwieriger), bei dem jedes Kind ein anderes an der Hand hält. Nun treten immer zwei Ringkämpfer im Inneren des Kreises gegeneinander an. Jeder Ringkämpfer erhält eine Schwimmnudel oder ein Schwimmbrett, auf das er sich legen darf. Arme und Beine sollen dabei frei beweglich sein. Die beiden Ringkämpfer haben nun die Aufgabe, sich an den Oberarmen festzuhalten und den Gegner allein durch die Kraft des Beinschlags an den Rand des Rings zu schieben. Wer am Rand des Rings angekommen ist, hat die Runde leider verloren. Anschließend treten 2 neue Schüler gegeneinander an.

20. Der Kraularmzug

Darum geht's Erlernen des Kraularmzugs

Kompetenzerwartung Die Kinder erlernen den Kraularmzug durch verschiedene Übungen und nutzen ihn zur effektiveren Fortbewegung.

Material Schwimmnudeln in Gruppenstärke, 1 Trennseil zwischen Schwimmer- und Nichtschwimmerbecken

Beckentiefe ca. 0,9 m

Einstieg – Seepferdchen gegen Hund

Bilden Sie zwei Mannschaften, die Seepferdchen und die Hunde. Jedes Kind erhält eine Schwimmnudel. Verteilen Sie auf beide Längsseiten des Beckens gleich viele „Hunde" und „Seepferdchen". Die „Seepferdchen" setzen sich in die Schwimmnudel hinein, die Hunde legen sich mit ihrem Oberkörper bäuchlings hinein.

Nun startet ein Wettschwimmen über die Querbahn, bei dem die Hunde gegen die Seepferdchen antreten. Dabei bewegen sich beide Mannschaften ausschließlich durch die Kraft der Arme fort (paddeln und schaufeln) – die Beine bleiben passiv.

Beim Startsignal schwimmt der jeweils erste auf die gegenüberliegende Beckenseite, schlägt den nächsten seiner Mannschaft ab, damit dieser losschwimmen kann, und stellt sich wieder hinten in die Reihe an. Die Mannschaft, deren Staffel als Erstes vollständig die Seiten gewechselt hat, ist der Sieger. Wechseln Sie anschließend Hunde und Seepferdchen.

Anschließend bietet sich eine kurze Reflexion an, welcher Schwimmstil die schnellere Fortbewegung ermöglicht hat (Schaufelbewegung liegend), und worauf man bei der Armbewegung achten muss (Körperspannung, flach und gerade im Wasser liegen, Hände geschlossen halten, Hände über dem Wasser zurückführen)

Hauptteil – die Phasen des Armzugs erarbeiten

Bevor Sie den Armzug gemeinsam mit den Kindern erarbeiten, erhalten sie nun den theoretischen Hintergrund. Der Kraularmzug lässt sich in drei Schritte unterteilen.

1. Zugphase, 2. Druckphase, 3. Rückholphase

Darauf müssen die Kinder achten:

- Der Arm muss gestreckt sein.
- Die Finger sind geschlossen und bilden gemeinsam mit der Handinnenfläche eine „Schaufel".
- Nach dem Strecken des Armes werden zuerst die Fingerspitzen eingetaucht – kein „Wasserklatschen"!
- Sobald der Arm eingetaucht ist, wird dieser in Form eines „Schlüssellochs" nach hinten geführt. Die Kraultechnik beschreibt eine Bewegungsrichtung, die mit der Form eines klassischen Schlüssellochs vergleichbar ist.

Die 3 Schritte in der grafischen Übersicht:

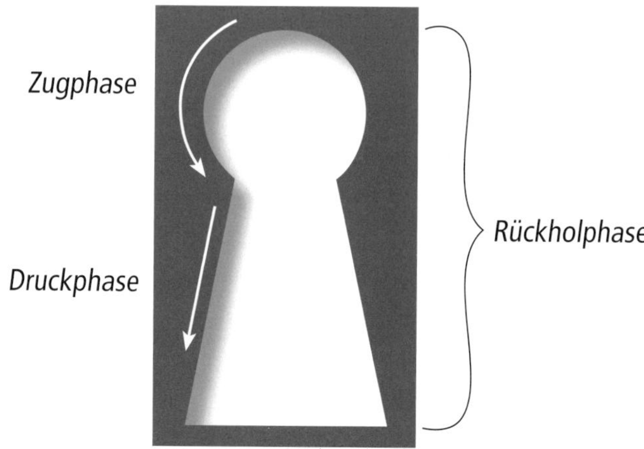

20. Der Kraularmzug

Die Körperhaltung beim Kraularmzug:

- In der Zugphase „zieht" die Handfläche mit einer Halbkreisbewegung bis auf die Höhe der Schultern durch das Wasser.
- In der anschließenden Druckphase „drückt" die Handinnenfläche geradlinig nahe am Körper bis hinten durch.
- Beim Auftauchen des Armes wird zunächst der Ellenbogen aus dem Wasser gehoben, erst dann die Hand.

Tipp: Beim Herausheben des Armes sollen die Daumen entlang des Oberschenkels streifen (kitzeln) ➔ So hebt der Schwimmer automatisch zuerst den Ellenbogen aus dem Wasser, zusätzlich wird der Arm dicht am Körper geführt.

Um den Kraularmzug zu üben, bietet sich z.B. das Abtrennseil zwischen dem Schwimmer- und Nichtschwimmerteil des Beckens an.

Stellen Sie die Kinder am Anfang des Seiles auf. Jedes Kind legt sich flach auf die Wasseroberfläche, parallel zum Seil. Hierbei ist es wichtig, dass die Kinder nah am Seil liegen und eine gute Körperspannung aufbauen. Die Beine sind gestreckt und führen keine Bewegung aus – nur die Arme arbeiten.

Übung 1: Kraularmzug am Seil mit einem Arm

Leiten Sie die Kinder auf folgende Weise an:

1. *„Lege dich flach auf die Wasseroberfläche, deine Beine sind gestreckt, und der Kopf liegt, solange du nicht atmen musst, flach im Wasser".*
2. *„Führe deine linke Hand weit nach vorne, und greife das Seil. Führe dabei den Arm über Wasser. Am weitesten Punkt greift die Hand fest am Seil zu."*
3. *„Wenn du das Seil gegriffen hast, ziehe dich so weit nach vorne, bis dein Arm nach hinten getreckt ist." (hierbei erfolgt bis auf Höhe der Schultern die zuvor beschriebene „Zugphase", ab den Schultern bis zur Hüfte die „Druckphase".)*
4. *„Führe deinen Arm über Wasser nah am Körper wieder zurück nach vorne."*
5. *„Der andere Arm liegt ausgestreckt auf der Wasseroberfläche."*
6. *„Versuche, dich beim Herausheben des Ellenbogens mit dem Daumen seitlich deines Oberschenkels und Bauches zu kitzeln."*

Hinweis: Diese Übung beinhaltet schon alle aufgeführten Kriterien des Kraularmzugs und fokussiert insbesondere die genaue Führung des Armes. Durch die enge Führung am Seil wird den Kindern automatisch der notwendige Auftrieb gegeben. Bei der etwas seitlichen Lage kann auch problemlos geatmet werden.

Übung 2: Kraularmzug am Seil mit beiden Armen

Diese Übung beinhaltet den Verlauf der Übung 1, aber nun wird auch der andere Arm mit hinzugenommen. Sobald der eine am Seil geführte Arm die Druckphase beendet hat und aus dem Wasser gehoben wird, führt nun der andere freie Arm die Bewegung frei im Wasser aus. Ziel dieser Übung ist es, sich zunehmend mehr vom Seil zu lösen und sich frei im Wasser zu bewegen.

„Versuche nun zusätzlich, den zweiten Arm mit hinzuzunehmen. Der linke Arm bleibt am Seil, der rechte Arm führt die Übung ohne Seil aus."

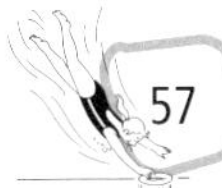

20. Der Kraularmzug

Übung 3: Kraularmzug mit Schwimmnudel

Das Kind entfernt sich vollständig von dem Trennseil, erhält aber als Auftriebsunterstützung eine Schwimmnudel. Nun soll es die Armbewegung mit der Schwimmhilfe ausführen, der Beinschlag soll dabei nach wie vor nicht ausgeführt werden.

„Entferne dich nun von dem Seil. Versuche, die am Seil ausgeführte Übung im freien Wasser auszuprobieren."

Abschluss – Domino

Setzen Sie alle Kinder eng aneinander, so nah wie möglich an den Beckenrand. Alle Kinder haken sich mit ihren Armen untereinander ein. Diese Verbindung darf nicht während des Falles gelöst werden, erst wenn die Kinder im Wasser sind. Stoßen Sie nun den ersten der Reihe leicht an, sodass dieser ins Wasser fällt. Durch das Einhaken zieht dieser seinen Nachbarn ebenfalls mit ins Wasser usw.

Somit entsteht ein Dominoeffekt, bei dem alle Kinder wie Dominosteine ins Wasser plumpsen.

Die Oktopusse – Spiele zum Kraularmzug

Darum geht's Kraularmzug und Beinschlag kombinieren

Kompetenzerwartung Die Kinder haben die Möglichkeit, in spielerischer Form den Kraularmzug und den Kraulbeinschlag zu kombinieren – und beide Techniken weiter zu verfeinern.

Material 2 große Tauchreifen, laminierte Aufgabenkärtchen mit Schwimmstilen, Schwimmbretter und leichte Wasserbälle in Gruppenstärke

Beckentiefe ca. 1,2 m

Hinweis: Achten Sie bei allen Spielen auf kurze Distanzen, damit die Strecke, ohne zu atmen, ausgeführt werden kann.

Einstieg – Wettschwimmen

Teilen Sie die Gruppe in 2 Mannschaften ein. Die Kinder jeder Mannschaft verteilen sich gleichermaßen auf beide Beckenhälften. In die Mitte des Beckens stellen Sie für jede Mannschaft einen Tauchring auf.

Nun hat jeder Spieler der Mannschaft die Aufgabe, sich auf der ersten Hälfte der Strecke allein mit dem Beinschlag fortzubewegen, die Arme sind dabei gestreckt und führen keine Fortbewegung aus. In der Mitte wird durch den Ring getaucht. Die zweite Hälfte der Strecke soll dann mit Hilfe der Armbewegung fortgesetzt werden, ohne die Unterstützung der Beine. Ist der Schwimmer einer Mannschaft auf der gegenüberliegenden Seite angekommen, klatscht er hier seinen Teamkollegen ab, der in der gleichen Form die Bahn zurückschwimmt. Die Mannschaft, die als Erstes komplett durch ist, hat gewonnen.

Hauptteil – Spiele zum Kraularmzug

Übung 1: Kraulen mit Atempausen

Die Kinder haben nun die Aufgabe, im Kraulstil so weit zu schwimmen (das Gesicht ist dabei im Wasser), bis sie den Drang verspüren, atmen zu müssen. Für das Atmen soll sich jedes Kind aufrecht hinstellen, 2 bis 3 tiefe Züge atmen und dann erneut ins Wasser legen und weiterüben bis zum nächsten Luftholen.

Übung 2: Die Überraschungsstaffel

Diese Übung ist für etwas sicherere Krauler – die Überraschungsstaffel. Teilen Sie die Gruppe in Mannschaften zu je ca. 4 Kindern ein. Die Gruppen befinden sich auf einer Becken-Längsseite, Sie als Spielleiter auf der anderen. Ein Schwimmer aus jeder Mannschaft startet auf Ihr Signal, schwimmt im Kraulstil auf die gegenüberliegende Beckenseite, wo Sie als Spielleiter stehen, und zieht ein verdecktes Aufgabenkärtchen von dem Stapel, den Sie bereitgelegt haben. Auf dem Kärtchen steht ein bestimmter

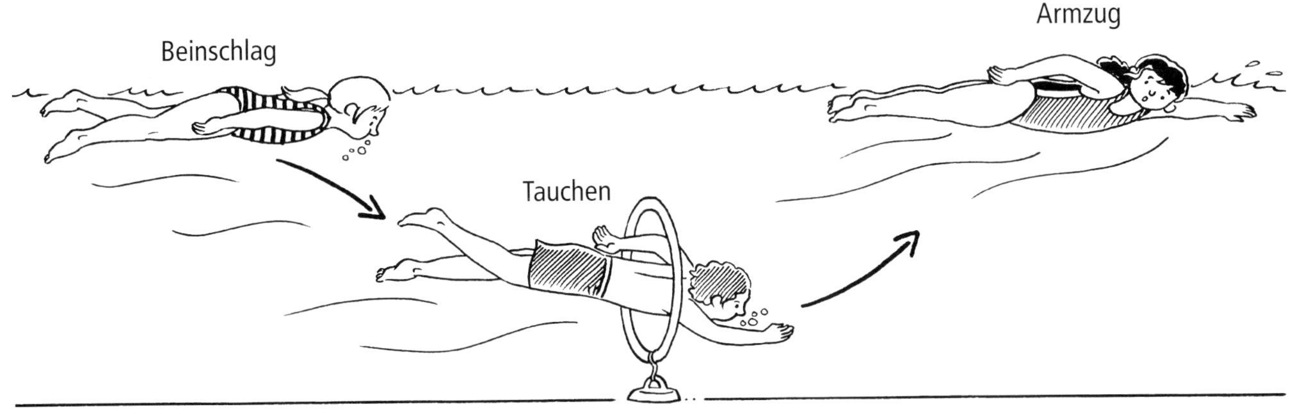

21. Die Oktopusse – Spiele zum Kraularmzug

Schwimmstil („Nur Kraularmzug", „Nur Kraulbeinschlag", „Nur Brustarmzug", „Nur Brustbeinschlag", „Tauchen"). Der Schwimmer muss die Regel auf dem Kärtchen beachten, während er wieder zu seiner Mannschaft zurückschwimmt. Sobald der Schwimmer wieder bei seiner Mannschaft angekommen ist, startet der nächste.

Stellen Sie allen Mannschaften entweder die gleichen Kärtchen zur Verfügung, oder aber variieren Sie je nach Ihrer Einschätzung der Fähigkeiten der einzelnen Teilnehmer. In diesem Punkt können Sie die Anforderungen wunderbar differenzieren. Spannend für die Kinder ist es auch, wenn Sie die Kärtchen nach dem Zufallsprinzip verteilen, also niemand weiß, was auf ihn oder die Mannschaft zukommt.

Abschluss – Kirschen essen

Es spielen immer 2 Kinder miteinander. Jedes Kind erhält ein Schwimmbrett, auf dem es sitzt bzw. hockt. Jedes Paar erhält gemeinsam einen Wasserball. Der Wasserball wird hin und her geworfen und muss von dem Gegenüber gefangen werden. Dabei ist es wichtig, dass er auch so geworfen wird, dass er für den Partner zu fangen ist. Wenn dieser den Ball nicht gefangen hat, rutscht er eine „Stufe" tiefer. Ist er bei der letzten Stufe angekommen ist er „gestorben". Diese Kinder gehen sich schon einmal umziehen. Die noch übrigen Kinder suchen sich jeweils neue Partner und spielen so lange weiter, bis alle Kinder aus dem Wasser draußen sind.

5 Stufen:

1. Kirschen gegessen
2. Wasser getrunken
3. Bauchschmerzen
4. Notarzt
5. tot

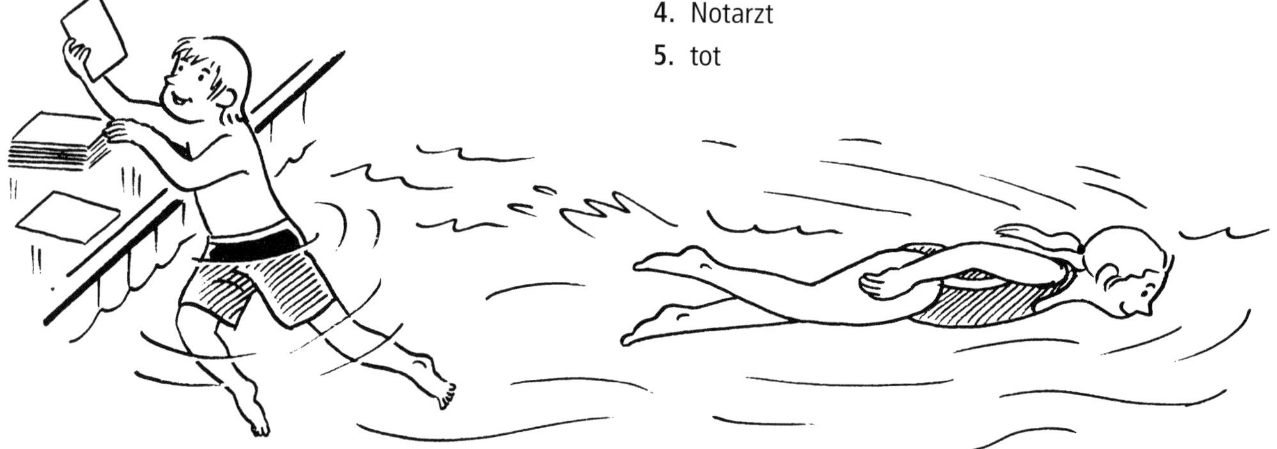

22. Tief Luft holen – die Atemtechnik beim Kraulen

Darum geht's die Atmung beim Kraulen in den Blickpunkt nehmen

Kompetenzerwartung Die Kinder haben die Möglichkeit, die Atemtechnik des Kraulens anhand verschiedener Übungsformen zu erlernen.

Material Schwimmbretter und Schwimmnudeln in Gruppenstärke

Beckentiefe ca. 0,9 m

Einstieg – Kuhstall

Dieses Spiel ist eine Abwandlung von „Bäumchen, wechsel dich". Die Kinder bilden 3er-Gruppen, bis auf ein Kind, das übrig bleibt: der „Bauer". Aus jeder 3er-Gruppe sind zwei Kinder der „Kuhstall", das dritte Kind ist die „Kuh". Der Kuhstall stellt sich mit gestreckten Armen gegenüber und fasst sich an den Händen. Der in der Mitte entstehende Platz ist der Kuhstall für die Kuh. Die Kuh stellt sich zu Beginn in ihren Kuhstall hinein. Der „Bauer" gibt nun die Kommandos (siehe unten). Sobald ein Kommando ausgerufen ist, kann der Bauer die ausgerufene Position selbst annehmen und sich in das Spiel einfügen, sodass am Ende ein neuer Bauer übrig bleibt.

„Kuh": Der Stall öffnet an einer Seite „das Tor" (Arme gehen auf, sodass die Kuh rauskann), und alle Kühe wechseln ihren Stall. Bedingung: Keine Kuh darf in den gleichen Stall, aus dem sie gekommen ist.

„Stall": Alle Kühe bleiben fest auf ihrem Platz stehen und geben ein Signal für die laufenden Ställe („muhen" oder den Arm hochheben). Die Ställe entfernen sich von der Kuh, und jeder Teil des Stalles sucht sich eine neue Kuh, um die er sich aufbaut. Die beiden „Stall-Türen" sind unabhängig voneinander und müssen sich nicht gemeinsam eine neue Kuh suchen, treffen sie aber wieder zufällig zusammen, ist dies durchaus erlaubt. Bedingung: Auch hier muss sich jeder Stall eine neue Kuh suchen!

„Kuhstall": Bei dem Kommando „Kuhstall" wechseln alle, sowohl Kühe als auch die Ställe, ihre Position und formatieren sich ganz neu.

Hauptteil – die Fahrschule

Zunächst wieder die theoretischen Hintergründe: Die Atmung stellt das am schwierigsten zu erlernende Element des Kraulens dar, da hierbei der Kopf nicht einfach über Wasser gehoben wird. Der Kopf bleibt in aerodynamischer Lage zum Körper, und wird zum Atmen nur leicht seitlich gedreht, um im Wellental des Armzugs das Atmen zu ermöglichen.

Der zuvor beschriebene Armzug (ab S. 56) und dessen 3 Phasen werden auch zum Atmen genutzt. Im dritten Schritt, der Rückholphase, wird der Köper nun leicht seitlich gedreht, sodass beim Heben des Armes Luft geholt werden kann.

Bevor Sie mit dem Spiel beginnen, sollten Sie den Kindern die zu erlernenden Schritte erklären und ihnen die Möglichkeit geben, die hier abgebildete Übung durchzuführen.

Geben Sie den Kindern hierfür nur eine kurze Zeitsequenz von 5 Minuten, damit sie eine Vorstellung erhalten, was sie im Folgenden erlernen sollen. Hierbei ist es wichtig, dass sie versuchen, im Wasser den Kopf seitlich zu drehen und dabei das in die Ohren eindringende Wasser zuzulassen.

1. *„Suche dir eine feste Standposition, auf der du stehen bleiben kannst."*
2. *„Nimm dir ein Schwimmbrett als Hilfe. Lege deinen rechten Arm auf das Brett."*
3. *„Lege deinen linken Arm sowie deinen Kopf flach auf das Wasser."*
4. *„Suche dir eine Seite aus, die dir am angenehmsten ist, und bleibe unbedingt bei dieser Seite."*

22. Tief Luft holen – die Atemtechnik beim Kraulen

5. *„Hebe den ausgewählten Arm mit angewinkeltem Ellenbogen an, und drehe dabei seitlich den Kopf aus dem Wasser."*
6. *„An der höchsten Stelle des Ellenbogens atmest du ein. Sobald du eingeatmet hast, drehst du den Kopf wieder ins Wasser und legst den Arm zurück auf das Wasser."*
7. *„Atme im Wasser wieder aus. Wenn du alle Luft ausgeatmet hast, beginnst du den Ablauf erneut."*

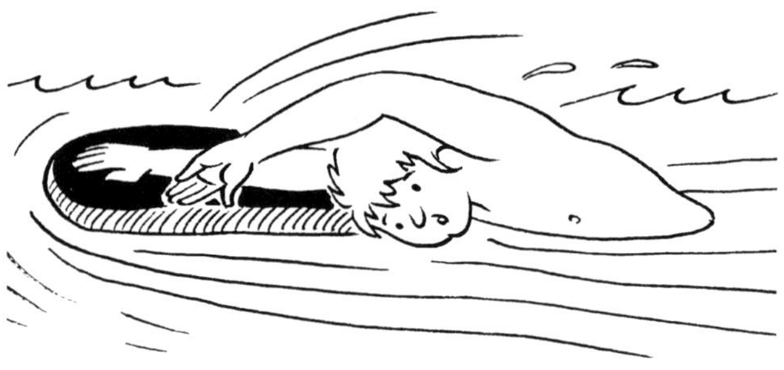

Übung 1:

Jedes Kind sucht sich einen Partner. Eines der beiden (Kind A) geht aufrecht und vorwärts durch das Wasser. Der Partner (Kind B) liegt in gestreckter Bauchlage hinter Kind A. Das Gesicht liegt dabei im Wasser. Kind B hält sich dabei an der Hüfte von Kind A fest.

Während Kind A voranläuft, führt Kind B die beschriebene Übung zur Atmung durch. Hierfür atmet es zunächst ins Wasser aus und führt anschließend einen Armzug aus, indem es möglichst immer den gleichen Arm von der Hüfte löst und beim Durchziehen des Armes alle drei Phasen beachtet. Hierbei soll insbesondere geübt werden, beim Vorbeiführen des Armes im entstehenden Wellental zu atmen. Durch das langsame Ziehen von Kind A ist Kind B die notwendige Zeit und Ruhe gegeben, den Zeitpunkt des Atmens selbst zu entscheiden.

Das brusttiefe Wasser bietet zusätzlich die Möglichkeit, sich in unsicheren Momenten hinstellen zu können. Nach einer Weile tauschen die Partner ihre Rollen.

Übung 2:

Das Kind A läuft rückwärts und zieht Kind B an einem Schwimmbrett hängend mit sich. Hierbei kann Kind B versuchen, zusätzlich zu der Atmung den Beinschlag (ab S. 53) zu verwenden.

Übung 3:

Kind A zieht Kind B am Schwimmbrett hinter sich her wie in Übung 2. Ziel hierbei ist es allerdings, dass Kind B versucht, irgendwann seinen Partner loszulassen und ein Teilstück alleine zu schwimmen. Dabei beachtet es Beinschlag, Armzug und Atmung. Da diese Übung nun erstmals das vollständige Kraulen beinhaltet, ist dies die finale Übung, die schließlich von jedem Kind zu seiner Zeit perfektioniert werden kann.

Der Weg bis hierhin dauert natürlich seine Zeit, die jedem Kind gegeben werden sollte. Planen Sie für diese Übungsfolge mehrere Einheiten ein. Es bietet sich an, diese Übungen in einer offenen Unterrichtsform mit Hilfe von Übungskarten durchzuführen, um jedem Kind ein individuelles Lerntempo zu ermöglichen.

Beobachten Sie die Partnerübungen genau unter den Kriterien des Beobachtungsbogens auf S. 64. Geben Sie während der Übungen den Kindern zielgerichtete Tipps und Hilfestellungen.

22. Tief Luft holen – die Atemtechnik beim Kraulen

Abschluss – das Fließband

Stellen Sie die Kinder in einer langen Reihe auf, sodass sich immer zwei gegenüberstehen, die sich an den Händen fassen. So entsteht ein „Fließband". Die Kinder an der ersten Position sind die „Baumstämme", die sich nacheinander auf das Fließband legen. Durch wellenförmige Auf- und Ab-Bewegungen des Fließbands wird der Baumstamm langsam nach vorne getragen.

Wichtig: Der „Baumstamm" legt sich langgestreckt auf dem Rücken (Körperspannung!) auf das Fließband. Nur so kann er durch die schnellen, anhebenden Bewegungen nach vorne geschoben werden. Ist der Baumstamm am Ende angekommen, reiht er sich schnell in der Gasse ein, damit das Fließband die andere Beckenseite erreicht.

Beobachtungsbogen: Kraultechnik

Name: ____________________ Datum: __________

Wechselbeinschlag erfolgt aus dem Hüftgelenk, Füße sind gestreckt.			
sehr gut	gut	wenig ausgeprägt	fehlt
Die Arme tauchen vor dem Ellenbogen mit gestreckten Fingern ins Wasser.			
sehr gut	gut	wenig ausgeprägt	fehlt
Der Armzug erfolgt nahe am Körper.			
sehr gut	gut	wenig ausgeprägt	fehlt
Der Armzug wird in drei Phasen durchgeführt.			
sehr gut	gut	wenig ausgeprägt	fehlt
Ausatmen unter Wasser			
sehr gut	gut	wenig ausgeprägt	fehlt
Einatmen im Wellental			
sehr gut	gut	wenig ausgeprägt	fehlt

23. Das Schwimmer-Quiz

Darum geht's Vertiefung der Kraulschwimm-Techniken

Kompetenzerwartung Die Kinder haben die Möglichkeit, in spielerischen Übungsformen alle bisher gelernten Einzelübungen zu kombinieren und anzuwenden.

Material viele Haushaltsgummis, 1 Schwimm-Matte, Schwimmbretter nach Belieben

Beckentiefe ca. 0,9 m

Einstieg – Fischer, Fischer, wie tief ist das Wasser?

Spielen Sie dieses beliebte Spiel zum Einstieg und zum Aufwärmen. Die Beschreibung finden Sie in den Bausteinen zum Kombinieren auf S. 12.

Hauptteil – Buchstabensalat

Von den Kindern treten beliebig immer 2–3 Schwimmer gegeneinander an, die sich am Beckenrand aufstellen. Sie als Lehrkraft stehen auf der anderen Beckenseite. Auf Ihr Kommando springen diese Schwimmer gleichzeitig ins Wasser und schwimmen im vollständigen Kraulschwimmstil zu Ihnen. Dort erhalten Sie von Ihnen einen „Buchstabensalat" aus Tierwörtern. Wer das Wort als Erster zusammensetzt, erhält von Ihnen einen Punkt in Form eines Haushaltsgummis, den er sich für die Zeit des Spiels um das Handgelenk spannen kann. So sind keine überflüssigen Materialien in der Hand, die den Bewegungsablauf stören könnten. Sobald die Schwimmer auf dem Rückweg sind, machen sich die nächsten 3 Schwimmer auf den Weg. Das Spiel dauert so lange, bis z.B. alle Schüler 3- bis 4-mal geschwommen sind.

Tipp: Bereiten Sie für den Buchstabensalat laminierte Kärtchen mit den Buchstaben in falscher Reihenfolge vor, die Sie an den Beckenrand legen (Vorlagen s. S. 66). Der Schwimmer, der als erstes den Beckenrand erreicht, hat den Vorteil, früher als die anderen den Buchstabensalat anzuschauen. Dennoch haben bei diesem Spiel auch langsamere Schwimmer eine Chance, da sie vielleicht eine schnellere Auffassungsgabe haben.

Abschluss – Steg ins Wasser bauen

Legen Sie eine dicke Schwimm-Matte an den Beckenrand, wenn möglich auch zwei. Bauen Sie mit der Hilfe Ihrer Schüler einen Steg, der in das Becken führt. Dazu können die Kinder hinter der Matte kleine Schwimmbretter oder andere schwimmende Materialien anbauen. Hier finden die Kinder sehr schnell weitere Ideen, den Weg zu verlängern.

Nun dürfen die Kinder nacheinander über ihren Steg laufen und am Ende ins Wasser springen. Achten Sie darauf, dass das nächste Kind erst startet, wenn das vordere Kind im Wasser weggeschwommen ist. Nach jedem Sprung wird der beschädigte oder weggetriebene Steg von allen Kindern wieder zusammengesetzt.

Buchstabensalat

NEET	Ente	**REPDF**	Pferd
FAEF	Affe	**THCEH**	Hecht
SAUM	Maus	**FACHS**	Schaf
LOFH	Floh	**RBSKE**	Krebs
SLEE	Esel	**FIGAREF**	Giraffe
LHCE	Elch	**SHARONN**	Nashorn
NUDH	Hund	**TERTA**	Ratte
INDEFL	Delfin	**BALULAW**	Blauwal
ZAKET	Katze	**RAKKE**	Krake
HEMMARIAH		Hammerhai	
REEMWEINSCHNECH		Meerschweinchen	
FREELULAQUE		Feuerqualle	
SEERONDBARBEK		Nordseekrabbe	

Rückenschwimmen

Darum geht's Anbahnung des Rückenschwimmens

Kompetenzerwartung Die Kinder haben die Möglichkeit, die bisher erlernten Bewegungsformen auf das Rückenschwimmen zu übertragen und sich an die neue Wasserlage zu gewöhnen.

Material Schwimmbretter, Schwimmnudeln, langes Tau

Beckentiefe ca. 0,9 m (Abschluss > 1,5 m)

Einstieg – Quallen im Becken

Alle Kinder spielen einzelne „Quallen", die sich, auf dem Rücken liegend, durch das Wasser bewegen. Ihre Tentakel (Beine und Arme) bewegen sich so, dass sie über Wasser schwimmen können. Quallen sind Gruppentiere. Rufen Sie nun eine Zahl, zu deren Gruppenstärke sich die Quallen zusammenfinden müssen. Hierbei dürfen sich die Quallen umschauen, aber nicht im Wasser laufen.

Hauptteil – die Rückenschwimmtechnik erarbeiten

Sinnvoll beim Rückenschwimmen ist es, diesen Schwimmstil entweder In Verbindung mit dem Kraulschwimmen oder in der direkten Folge darauf zu erläutern, weil viele Bewegungsmuster identisch sind und sich darauf übertragen lassen. Der Vorteil beim Rückenschwimmen ist allerdings, dass der schwierige Teil der Atmung hierbei wesentlich einfacher verläuft, weil das Gesicht bereits über Wasser ist.

Zunächst wieder der theoretische Ablauf:
Auch dieser Armzug ist wie beim Kraulen (S. 56–58) in eine Zugphase und in eine Druckphase unterteilt.

1. Der gestreckte Arm wird aus dem Wasser gehoben. Dabei zeigt die Handinnenfläche zum Körper und der Daumen nach oben.
2. Am obersten Punkt wird die Handinnenfläche nach außen gedreht, sodass beim Eintauchen des Armes der kleine Finger zuerst ins Wasser taucht. Auch hierbei sollte der Arm möglichst weit nach hinten gestreckt sein.
3. Nach dem Eintauchen erfolgt auch hier wie beim Kraulen eine Armbewegung in Form eines „Schlüssellochs". Zuerst erfolgt mit dem gestreckten Arm die Zugbewegung. Hierbei ist die Hand zu einer kleinen Schaufel geformt und zieht sich bis auf Schulterhöhe nach vorne. Auf der Höhe der Schulter wird der Arm leicht gebeugt und seitlich vom Körper in einer Halbkreisbewegung nach vorne gedrückt (Druckphase).

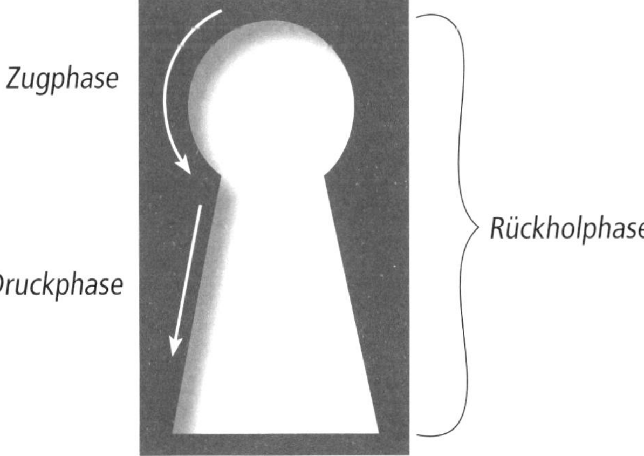

4. Sobald der Arm wieder gestreckt am Körper liegt, hat er bereits die Ausgangsposition erreicht und kann erneut mit dem Daumen voran aus dem Wasser gehoben werden.
5. Der Beinschlag funktioniert identisch zum Kraulschwimmen: der Wechselbeinschlag (s. S. 34). Das Gesicht bleibt dabei immer über Wasser, sodass fortführend geatmet werden kann.

24. Rückenschwimmen

Übungsteil:

Da den Kindern durch das Kraulen viele Elemente bekannt sind, erübrigen sich viele Übungen an Land als Trockenübung. Auch der Beinschlag muss nicht mehr explizit geübt werden, wenn er durch das Kraulschwimmen bereits beherrscht wird. Ansonsten finden Sie Übungen zum Wechselbeinschlag auf S. 34.

Arbeiten Sie zum Üben auch hier wieder mit der Unterstützung von laminierten Bildkarten (S. 69). Werden alle Übungen beherrscht, folgt das vollständige, alleinige Rückenschwimmen, das Sie analog zu bereits durchgeführten Unterrichtsstunden durch verschiedene Spiele und Übungen festigen können.

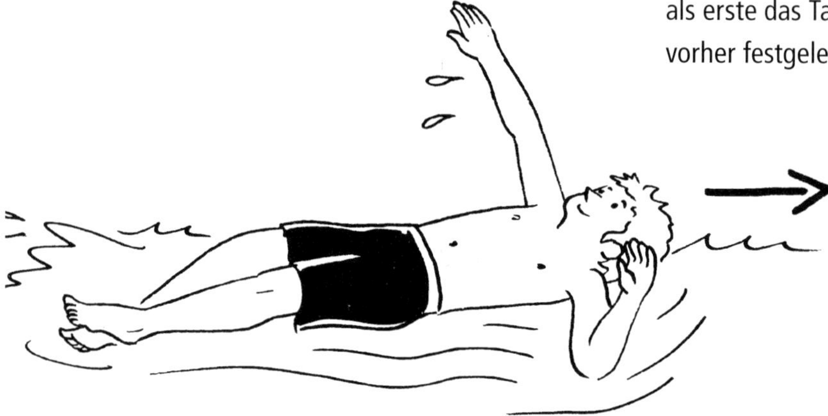

Abschluss – Tauziehen im tiefen Wasser

Führen Sie den Abschluss im tiefen Wasser durch, damit die Kinder den Boden nicht zum Abstützen verwenden können.

Teilen sie die Gruppe in zwei Mannschaften ein. Markieren Sie an einem wasserfesten Tau eine erkennbare Mitte, die zwischen beiden Mannschaften liegt. Das Tau wird auf das Wasser gelegt, ohne dass eine Mannschaft bereits anfängt, daran zu ziehen. Auf Ihr Kommando fangen beide Mannschaften gleichzeitig an, zu ziehen. Die einzige Möglichkeit ist es, sich mit Hilfe des Rückenschwimmens zu bewegen, um das Tau zu ziehen. Die Mannschaft, die als erste das Tau auf ihre Seite gezogen hat oder eine vorher festgelegte Strecke zurückgelegt hat, gewinnt!

Rückenschwimmen – Übungskarten

Übung 1: Gehen mit Armzug

Gehe rückwärts durch das flache Wasser. Führe dabei die Zugphase und Druckphase des Rückenschwimmens aus.
Deine Arme bewegen sich nahe am Körper in Form eines Schlüssellochs.

Abb.: Norbert Höveler

Übung 2: Fortbewegen durch Armzug

Lege dich rücklings auf das Wasser.
Deine Füße liegen auf einer Schwimmnudel.
Bewege dich nur durch den Armzug rückwärts.
Wie weit kommst du?

Abb.: Norbert Höveler

Übung 3: Beinschlag mit Partner

Hänge dich gemeinsam mit einem Partner in 2 Schwimmnudeln ein.
Führt gleichzeitig den Wechselbeinschlag aus.
Wie weit kommt ihr?

Abb.: Norbert Höveler

Brustschwimmen – der Armzug

Darum geht's Armbewegung des Brustschwimmens erlernen
Kompetenzerwartung Die Kinder haben die Möglichkeit, die Kraft des Brustarmzugs zur eigenen Fortbewegung zu nutzen.
Material Schwimmnudeln und Schwimmbretter in Gruppenstärke
Beckentiefe ca. 0,9 m

Hinweis: Beim Erlernen dieses Schwimmstils sollten Sie darauf achten, dass die Bewegungen von den Kindern so erlernt und ausgeführt werden, dass sie besonders effektiv sind. Im Folgenden wird erläutert, worauf es bei diesem Schwimmstil insbesondere ankommt:
Die Handflächen werden aufeinandergelegt, anschließend werden die Arme gestreckt. Sobald die Arme gestreckt sind, werden die Handinnenflächen nach außen gedreht, sodass die Handrücken aufeinanderliegen. Achten Sie darauf, dass die Finger immer zusammenbleiben, also eine „Schaufel" bilden, und nicht abspreizen.
Bei der Armbewegung werden nun die Arme mit leicht gebeugten Ellenbogen bis auf Schulterhöhe durchgezogen. Achten Sie dabei darauf, dass die Arme tatsächlich nur bis auf Schulterhöhe durchgezogen werden. Jede Kraft, die in Bewegung hinter den Schulterbereich geführt wird, ist verschwendet, da die gleiche Kraft in die Rückholbewegung zum Schulterbereich investiert werden muss. Damit ist jede Aktion hinter dem Schulterbereich „sinnlos" und sollte daher nicht ausgeführt werden. Folgende Übungen bieten sich dazu an:

Einstieg – die Boje

Suchen Sie im Schwimmbad eine Möglichkeit, bei der die Kinder möglichst schultertief im Wasser sitzen oder knien. Der zuvor theoretisch erläuterte Armzug soll nun erfahren und zum eigenen Nutzen begriffen werden.

Für die Durchführung der Übung benötigen die Kinder viel Platz, mindestens den Radius einer Armspanne. Die gestreckten Arme werden bis zum äußersten Punkt hinter dem Körper geführt, um sie anschließend wieder nach vorne zu führen. Dabei bewegen sich die Kinder wie eine Boje im Wasser. Jede Form des Gleichgewichtverlustes ist ein gutes Zeichen dafür, dass viel Kraft ausgeübt wird. Je intensiver die Boje in Bewegung ist, desto mehr Kraft investieren die Kinder in diese Bewegung.

Die Kraft des Vorwärtsbewegens soll nun im Folgenden für das Schwimmen ausgenutzt werden, um vorwärts schwimmen zu können. Die rückführende Bewegung natürlich nicht, denn diese hemmt das Vorwärtsschwimmen, wie die Kinder bei dieser Vorübung erfahren konnten.

Hauptteil – die Armzugtechnik erarbeiten

Übung 1: Armzug mit Schwimmnudel

Jedes Kind erhält nun eine Schwimmnudel, die es sich unter die Achseln klemmt. Nun kann es – die Beine außer Acht gelassen – im Wasser die beschriebenen Armbewegungen ausführen.

25. Brustschwimmen – der Armzug

Übung 2: Wer ist stärker?

Je zwei Kinder haken sich mit den Füßen ineinander, beide liegen mit der Brust auf einer Schwimmnudel und haben die Arme eingehakt. Nun versuchen beide, sich so stark wie möglich mit den Armen – dem Brustarmzug – fortzubewegen. Wer ist stärker und kann den Partner sogar bis zum Beckenrand ziehen?

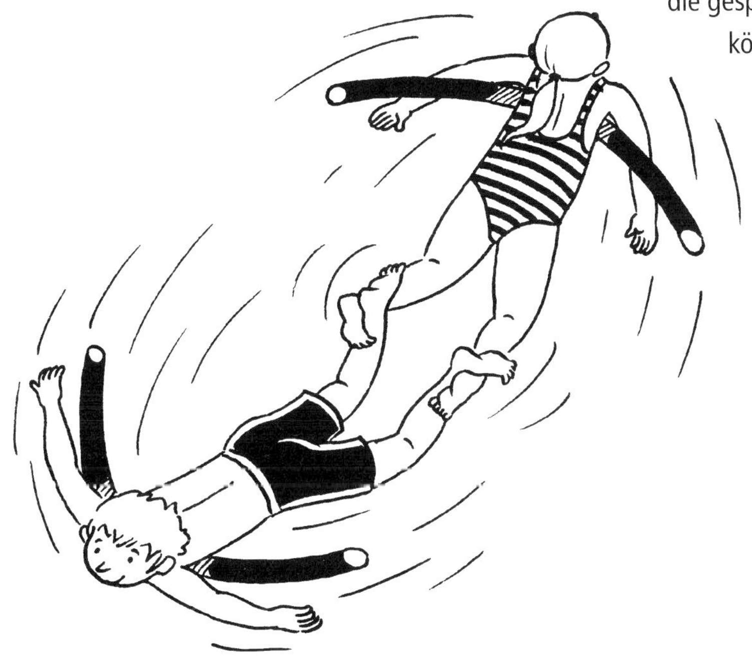

Abschluss – Fangen auf Schwimmbrettern

Jedes Kind erhält ein Schwimmbrett, auf dem es sich nur mit dem Brustarmzug fortbewegt. 2 bis 3 Kinder sind Fänger. Ist ein Kind gefangen, stellt es sich breitbeinig auf. Ein weiteres Kind kann das gefangene Kind befreien, in dem es sich kurzzeitig von seinem Brett löst und durch die gespreizten Beine des Kindes taucht. Anschließend können beide wieder auf ihrem Brett weiter am Spiel teilnehmen.

Brustschwimmen – Beinschlag und Atmung

Darum geht's Beinschlag und Atmung des Brustschwimmens erlernen

Kompetenzerwartung Die Kinder trainieren die Brustschwimmtechnik weiter, dazu lernen sie den passenden Beinschlag und die Atemtechnik kennen.

Material Schwimmnudeln und Schwimmbretter in Gruppenstärke, evtl. Pullbuoys

Beckentiefe ca. 0,9 m

Einstieg – Partnersuche

Jedes Kind erhält ein laminiertes Kärtchen, auf dem ein Tiername steht (siehe Kopiervorlage S. 75; von jeder Tierart gibt es zwei, daher Vorlage 2-mal kopieren). Auf Ihr Signal machen die Kinder nun typische Geräusche oder Bewegungen des entsprechenden Tieres und müssen – ohne zu sprechen – ihren Partner finden.

Hauptteil – die Schwimmtechniken kombinieren

Zunächst wieder die theoretischen Hintergründe: Den meisten Kindern ist dieser Brustschwimm-Beinschlag bekannt. Meistens wird er jedoch zu weit gegrätscht, sodass wertvolle Kraft verschenkt wird.

Wichtig ist, dass die Kraft aus den Unterschenkeln gewonnen wird, nicht aus den Oberschenkeln. Durch das schnelle Zusammenführen der Unterschenkel und das Strecken der Füße wird der effektive Antrieb gewonnen. Die Ausgangsstellung sind gestreckte Beine, ebenso gestreckte Füße. Zunächst werden die Fersen zum Gesäß angezogen. Die Füße werden dabei von der getreckten Form gelöst und leicht nach außen gedreht, wie ein „watschelnder Gang".

An dieser Stelle muss aufgepasst werden, dass die Knie nicht zu breit auseinandergeführt werden. Hierfür bietet sich der Hinweis an, dass die Knie nicht weiter als schulterbreit auseinanderdriften dürfen. Unterstützen Sie die Kinder bei den folgenden Übungen evtl. mit einem „Pullbuoy", den sie sich zwischen die Knie klemmen sollen, wenn Sie sehen, dass der Abstand zu groß ist.

So sieht der perfekte Brustschwimm-Stil aus:

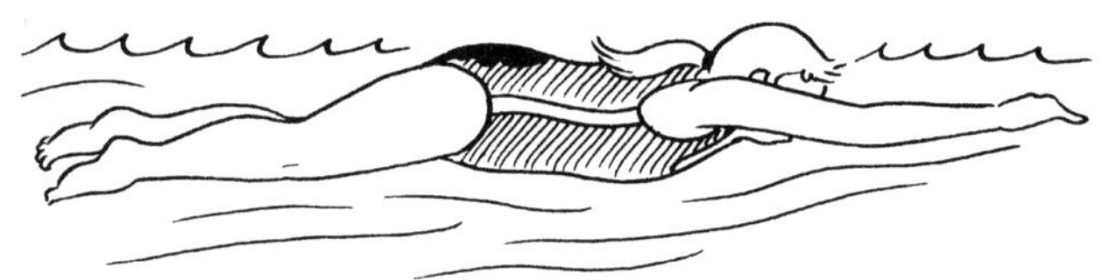

Bilden Sie nun im Trockenen einen Sitzkreis, um theoretische Einstiege zu vermitteln. Setzen Sie sich dafür auf eine Erhöhung, wie z.B. eine Bank, sodass Sie von allen Kindern gesehen werden können. Erläutern Sie den Ablauf des Beinschlags.

1. *„In der Ausgangsstellung sind Beine und Füße gestreckt."*
2. *„Ziehe nun deine Fersen zum Po."*
3. *„Drehe deine Füße leicht nach außen, sodass du einen ‚watschelnden' Gang bekommen würdest."*
4. *„Öffne deine Knie nicht weiter als schulterbreit, vermeide auf jeden Fall eine große Grätsche."*
5. *„Führe nun deine Beine wieder nach hinten, und schließe die Schenkel, sodass Arme und Beine gestreckt sind."*

26. Brustschwimmen – Beinschlag und Atmung

Jedes Kind sollte nun die Möglichkeit haben, dies für sich zu üben, z.B. am Beckenrand oder an einer Treppe, die ins Wasser führt.

Anschließend führen die Kinder verschiedene Übungen dazu im Wasser aus. Sie finden hier wieder Übungskärtchen zum Ausschneiden und Laminieren auf S. 74.

Die Atmung:

Um eine rückenschonende und aerodynamische Wasserlage zu erzielen, gehört zum Brustschwimmen auch die korrekte Atmung. Entgegen vieler Vorstellungen wird der Kopf auch beim Brustschwimmen die meiste Zeit unter Wasser geführt. Geatmet wird zum Zeitpunkt der Armzug-Bewegung nach hinten. Ausschließlich zu diesem Zeitpunkt befindet sich der Kopf über Wasser. Beim restlichen Teil der Bewegungsausführung liegt der Kopf flach im Wasser zwischen den Oberarmen. Dort wird ausgeatmet.

„Versuche, beim Strecken ins Wasser auszuatmen und über Wasser einzuatmen."

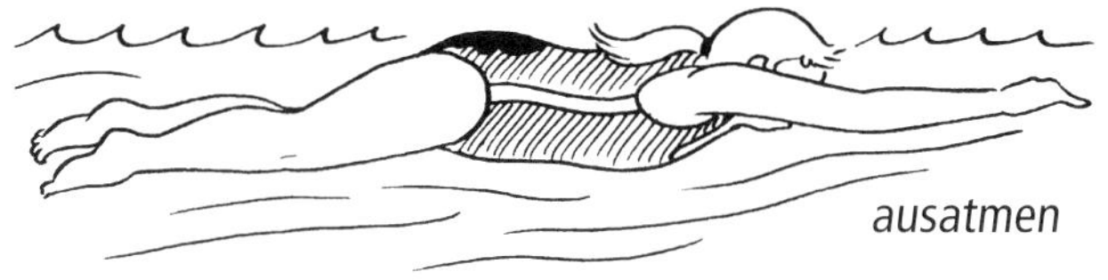

ausatmen

einatmen

Abschluss – das Fischernetz

Teilen Sie die Gruppe in zwei Hälften ein. Die eine Gruppe bildet das Fischernetz und fasst sich dafür an den Händen. Die andere Gruppe sind die Fische, die versuchen, durch das Netz hindurchzutauchen. Wird ein Fisch vom Netz gefangen, wird dieser Fisch automatisch zum Netz und hilft, die übrigen Fische zu fangen.

Brustschwimmen – Übungskarten

Übung 1: Nur Beinschlag

Lege dich auf den Rücken. Umfasse das Schwimmbrett eng vor deinem Bauch. Das gibt dir Auftrieb! Schwimme nur mit dem Beinschlag, soweit du kommst. Achte darauf, dass die Knie eng beieinander bleiben.

Abb.: Norbert Höveler

Übung 2: Brustschwimmen mit Schwimmhilfe

Klemme dir eine Schwimmnudel unter die Arme. Führe den Beinschlag und den Brust-Armzug gleichzeitig aus.

Abb.: Norbert Höveler

Übung 3: Brustschwimmen komplett

Kombiniere Armzug und Beinschlag miteinander ohne Schwimmhilfe.

Abb.: Norbert Höveler

Tierpantomime-Karten

Abb.: Eva Spanjardt

Abb.: Norbert Höveler

Abb.: Norbert Höveler

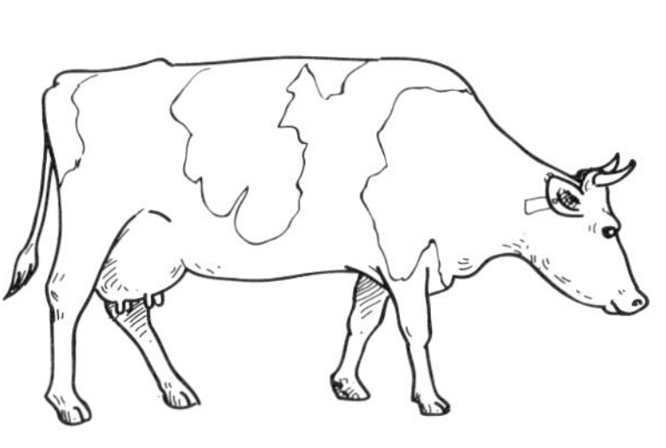

Abb.: Dorothee Wolters

Abb.: Astrid Wilkesmann

Abb.: Jens Müller

Abb.: Petra Lefin

Abb.: Norbert Höveler

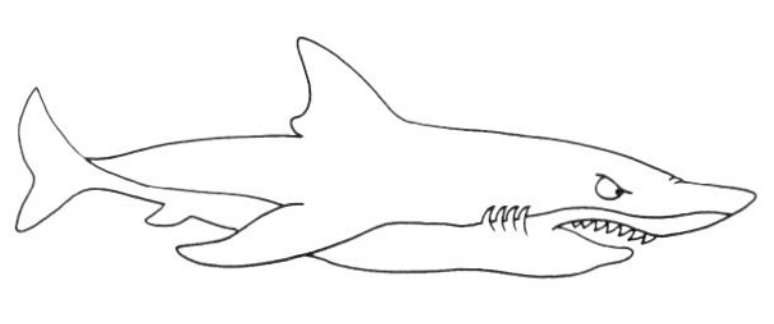

Abb.: Norbert Höveler

Abb.: Norbert Höveler

Abb.: Norbert Höveler

Abb.: Jens Müller

Kirmesspiele im Wasser

Darum geht's Festigung des Brust-Armzugs

Kompetenzerwartung Die Kinder haben die Möglichkeit, die Kraft des Armzugs zu vertiefen und zu festigen.

Material 8 Schwimmnudeln mit Verbindungsstücken, 9–12 Plastikbecher, Schwimmbretter in Gruppenstärke, kleiner Plastikball

Beckentiefe ca. 0,9 m

Einstieg – Karussell fahren

Verbinden Sie je 2 Schwimmnudeln mit einem Verbindungsstück. Verbinden sie mit Hilfe von weiteren Verbindungsstücken alle langen Schwimmnudeln in der Mitte, sodass ein großes Kreuz aus 8 Schwimmnudeln entsteht. An jeden Arm des Kreuzes positionieren sich je nach Platz 3–4 Kinder. Alle schwimmen nun mit dem Brustbeinschlag in eine gemeinsame Richtung, sodass sich das Kreuz wie ein Karussell dreht. Auf Ihr Signal hören die Kinder plötzlich auf, neuen Antrieb zu geben, sodass sich das Karussell aus der Kraft der entstandenen Strömung alleine fortbewegt.

Hauptteil – Dosenwerfen

Teilen Sie die Gruppe in kleine Mannschaften von je 3–4 Kindern ein. Jede Mannschaft erhält einen Ball. Einer jeder Mannschaft steht am Anfang einer Schwimmbahn bereit. Am Ende der Bahn sind am Beckenrand Plastikbecher aufgestellt, die von dem Ball getroffen werden müssen. Nun schwimmt der Erste aus jeder Mannschaft los und pustet den Ball vor sich her. Er darf nicht in die Hände genommen werden, bis eine vorgegebene Grenze überschwommen wurde (z.B. eine Bodenmarkierung).

Diese gilt als Abwurfpunkt. Jetzt darf der Ball in die Hand genommen und einmal auf die Becher geworfen werden. Der Werfer schwimmt zurück zu seiner Mannschaft und schlägt seinen nächsten Teamkameraden ab, der auf die gleiche Weise versucht, die noch stehenden oder wieder aufgestellten Dosen abzuwerfen.

Abschluss – Autoscooter

Verteilen Sie an alle Kinder ein Schwimmbrett. Machen Sie alle Kinder deutlich darauf aufmerksam, dass ein Zusammenstoß vorsichtig ablaufen muss und die Durchführung dieses Spieles nur unter der Berücksichtigung der Sicherheitsregeln stattfinden kann. Lassen Sie von einem Kind nochmals die Sicherheitsregeln (S. 9) vorlesen oder erklären, da es bei diesem Spiel sehr „körperlich" zugeht.

Jedes Kind legt sich anschließend bäuchlings auf ein Brett und versucht, sich nur mit dem Brustarmzug ohne Beinschlag fortzubewegen. Dabei darf es andere Kinder anstoßen und versuchen, sie durch den Zusammenstoß vom Brett zu kippen.

Der Kopfsprung

Darum geht's den Kopfsprung erlernen
Kompetenzerwartung Die Kinder haben die Möglichkeit, den Kopfsprung als Grundstein für einen schnellen Start für alle Schwimmtechniken kennenzulernen.
Material 4–8 große Schwimmbretter, Startblöcke am Schwimmerbecken
Beckentiefe > 1,8 m

Einstieg – verschiedene Sprünge

Geben Sie den Kindern zunächst die Möglichkeit, verschiedene Sprünge vom Beckenrand ins Wasser auszuprobieren. Dazu können Sie auch wieder laminierte Kärtchen zur Verfügung stellen.

Beispiele:

1. *„Springe mit den Füßen zuerst ins Wasser!"*
2. *„Springe mit einer halben Drehung ins Wasser!"*
3. *„Springe mit dem Hintern zuerst ins Wasser!"*
4. *„Springe ins Wasser, ohne zu spritzen!"*
5. *„Springe aus dem Stand, so weit du kannst!"*
6. *„Lasse es ordentlich spritzen beim Eintauchen!"*

Die Kinder finden sicher noch viele weitere Möglichkeiten. Achten Sie aber darauf, mögliche Gefahren auszuschalten. Wenn z.B. Kinder Anlauf nehmen möchten, muss der Boden trocken sein. Wenn ein Kind aus dem Handstand ins Wasser springen möchte, geben Sie oder die Kinder Hilfestellung.

Hauptteil – den Kopfsprung erarbeiten

Den Kopfsprung zu erlernen, kann eine sehr schnelle und einfache Übung sein, wenn man eine wichtige Regel beachtet: Das Kinn bleibt immer auf der Brust liegen. Erst wenn der Kopf unter Wasser ist, wird diese Haltung gelöst.

Durch die Angst vor einem schmerzhaften „Bauchklatscher" haben die meisten Kinder den Drang, den Kopf in den Nacken zu nehmen, um zu gucken, wo sie hinspringen. Diese Haltung ist ein fataler Fehler und bewirkt das genaue Gegenteil: Durch das Zurücklegen des Kopfes gerät die Haltung des Oberkörpers in eine Hohlkreuzstellung und rundet den Bauch nach vorne aus. Somit ist eine Landung mit „Bauchklatscher" vorprogrammiert. Geben Sie den Kindern unbedingt die notwendige Unterstützung, indem Sie, wenn nötig, alle einzeln darauf hinweisen, den Kopf auf die Brust legen.

Übung 1:
Sie brauchen pro Sprung ein großes Schwimmbrett und zwei starke Helferkinder. Ein Kind legt sich am Beckenrand bäuchlings auf das Schwimmbrett mit Blick zum Wasser. Die zwei Helfer heben das Schwimmbrett hinten an, sodass das Kind nach vorne ins Wasser gleiten kann.

Übung 2:
Begleiten Sie die Kinder einzeln bei ihrem ersten freien Kopfsprung. Geben Sie jedem Kind, das die Hilfe braucht, Unterstützung in Form eines festen Halts. Beugen Sie das Kind leicht nach vorne, geben Sie die Anweisung, dass es mit den Beinen leicht in die Hocke gehen soll, und lassen Sie das Kind anschließend langsam ins Wasser gleiten.

28. Der Kopfsprung

Diese Hinweise können helfen:
„Bleibe in einem festen Stand. Deine Knie sind dabei leicht gebeugt. Dein Kinn liegt auf der Brust, die Arme sind gestreckt. Springe nun leicht ab, dein Kopf bleibt auf der Brust, bis du unter Wasser bist."

Übung 3:

Anschließend übt jedes Kind für sich den Kopfsprung ohne Hilfsmittel. Sie beobachten aufmerksam und geben Hilfestellung, wo nötig. Legen Sie evtl. einen schwimmenden Reifen auf die Wasseroberfläche, durch den das Kind durchspringen soll. Der Reifen hat den Vorteil, dass die Kinder dieses Ziel mit den Augen verfolgen und dabei den Kopf eher auf der Brust liegen lassen. Außerdem ist dieser Reifen ein hoher Motivationsfaktor, da sie die Möglichkeit haben, diesen Reifen nach erfolgreicher erster Übung immer weiter weg ins Wasser zu legen.

„Versuche, dich möglichst weit abzustoßen und durch den Reifen zu springen. Achte darauf, dass dein Kinn auf der Brust liegt und deine Beine geschlossen sind, um einen ‚Bauchklatscher' zu vermeiden."

Abschluss – Titanic-Bewegungsspiel

Die „Titanic" sticht in See (alle Kinder gehen ins Wasser). Wenn Sie nun das Kommando *„Zum Tanzen, bitte!"* geben, sollen alle Kinder im Wasser tanzen, z.B. Pirouetten drehen. Auf Ihr Kommando *„Auf Deck gehen!"* legen sich alle Kinder flach auf das Wasser. Auf das Kommando *„Untergang!"* schwimmen alle Kinder schnell zum Beckenrand, klettern heraus und springen mit einem beliebigen Sprung wieder ins Wasser. Achten Sie immer auf den notwendigen Abstand beim Springen.

Die großen olympischen Schwimmspiele

Darum geht's Wettkampfspiele

Kompetenzerwartung Die Kinder haben die Möglichkeit, die bisher erlernten Techniken in spielerischen Wettkämpfen zu erproben.

Material Schwimmreifen (diese können auch aus Schwimmnudeln und Verbindungsstücken zusammengebaut werden), ca. 20 Tauchringe

Beckentiefe > 1,8 m

Einstieg – Vorstellen der Disziplinen

Bilden Sie eine Gruppe von „olympischen Schwimmern". Teilen Sie die Gruppe in gleich große Kleingruppen von 2–4 Schwimmern ein. Jede Gruppe steht für ein Land, das repräsentiert wird. Die Gruppen können (z.B. im Vorfeld im Klassenraum) Punktetafeln mit den Disziplinen und Landesflaggen erstellen. Stellen Sie 5 Schwimmdisziplinen vor, zu denen sich immer ein Schwimmer oder eine Kleingruppe anmelden kann. Legen Sie zu jeder Disziplin laminierte Stationskärtchen aus (S. 81).

Hauptteil – die Spiele sind eröffnet

Disziplin 1: Reifenschwimmen

Hierzu melden sich (alle) 4 Schwimmer jeder Mannschaft an. Die Mannschaft stellt sich in einer Reihe am Startpunkt (Beckenrand) auf. Der erste Schwimmer erhält einen Schwimmreifen. Beim Startsignal schwimmt dieser in seinem Reifen zu dem Hindernis, um das Hindernis herum und wieder zurück zu seiner Mannschaft. Hier übergibt er seinen Reifen an den nächsten Schwimmer und stellt sich selbst wieder hinten in die Reihe an. Ziel ist es, in der vorgegebenen Zeit von 5 Minuten so viele Runden wie möglich zu schaffen.

Verwenden Sie am besten die Querbahnen, damit die zurückzulegende Distanz nicht zu weit weg ist. Möglicherweise spielen Sie mit der Regel, dass jeder Schwimmer am Start vom Beckenrand aus ins Wasser springen muss.

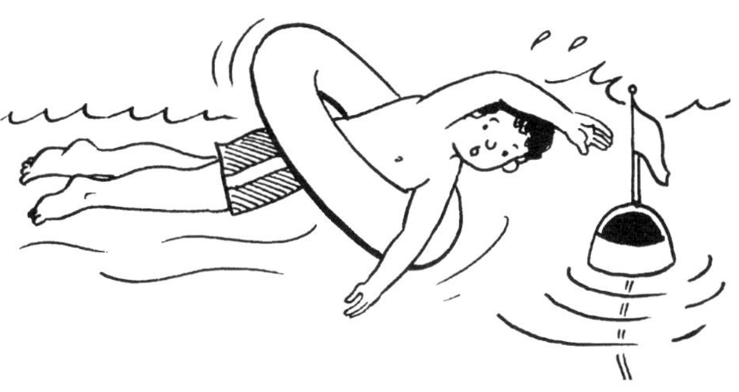

Disziplin 2: Tieftauchen

Auch hier melden sich 4 Schwimmer einer Mannschaft an. Alle Mannschaftsmitglieder stellen sich an einem gemeinsamen Punkt am Beckenrand auf. Verteilen Sie 20 Tauchringe im Wasser, die einzeln von den Schülern hochgeholt werden müssen. Geben Sie hierfür eine zeitliche Vorgabe von 3 Minuten. Sobald ein Taucher einen Ring aus dem Wasser geholt hat und diesen am Rand abgelegt hat (Taucher muss noch nicht aus dem Becken ausgestiegen sein), darf der nächste Taucher hineinspringen und einen Ring heraufholen. Welche Mannschaft hat nach Ablauf der Zeit die meisten Ringe gesammelt?

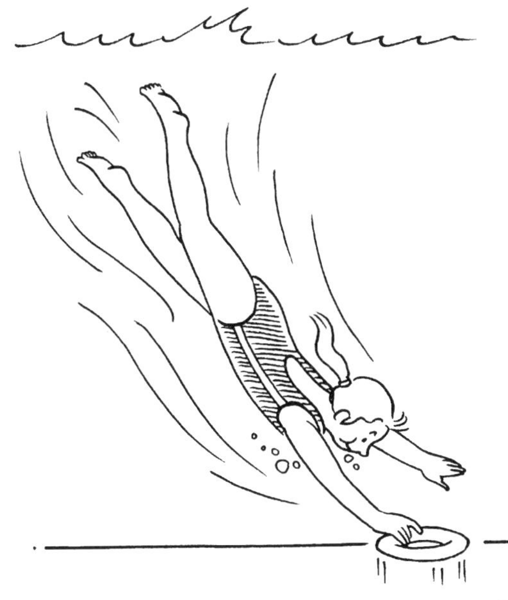

29. Die großen olympischen Schwimmspiele

Disziplin 3: Synchronspringen vom Block

Hierfür melden sich je 2 Schüler einer Mannschaft an, die einen Synchronsprung vom Startblock ins Wasser vorführen. Hierbei sollten Faktoren wie zeitgleiches Springen und Landen im Wasser, symmetrische Ausführungen und Schwierigkeitsgrad (Drehung, Bewegungen in der Luft) bewertet werden. Je nach Aufwand können im Rahmen dieser Schwimmspiele zwischen einem und drei Sprüngen gezeigt werden.

Disziplin 4: Zeitschwimmen

Hierfür kann sich sowohl ein einzelner Schwimmer als auch eine Kleingruppe anmelden. Die Aufgabe ist, in einem beliebigen Schwimmstil zwei Bahnen zu schwimmen und dabei eine möglichst schnelle Zeit zu erhalten. Bei einer Kleingruppe schwimmt jeder Schwimmer 2 Bahnen und schlägt dabei seinen Teamkollegen ab. Hierbei wird natürlich die Gruppenzeit bewertet.

Disziplin 5: Streckentauchen

Teilen Sie mit Hilfe von einfachen laminierten Zahlen das Becken in 3–4 Zonen ein. Die Zahlen liegen für die außen stehenden Personen sichtbar am Beckenrand. Jeder Schwimmer taucht nun vom Startblock oder vom Beckenrand aus, so weit er kann. Stellen Sie fest, welche Zone der Taucher erreicht hat. Diese Zonenzahl wird als Punktzahl bewertet.

Abschluss – Siegerehrung

Zählen Sie alle erreichten Punkte des Landes (der Kleingruppen/Mannschaften) zusammen. Veranstalten Sie eine schöne Siegerehrung. Lassen Sie die besten Einzelschwimmer oder Teams jeder Disziplin die Startblöcke als Siegertreppchen besteigen. Vielleicht gibt es auch einen kleinen Preis in Form einer Süßigkeit o.Ä.
Dabei wäre es natürlich schön, wenn auch Trostpreise verteilt werden. Vielleicht lassen Sie auch die Kinder im Vorfeld Urkunden zu den Disziplinen gestalten, die am Ende an alle Teilnehmer verteilt werden.

Olympische Schwimmdisziplinen

Reifenschwimmen

Abb.: Norbert Höveler

Tieftauchen

Abb.: Norbert Höveler

Synchronspringen

Abb.: Norbert Höveler

Zeitschwimmen

Abb.: Norbert Höveler

Streckentauchen

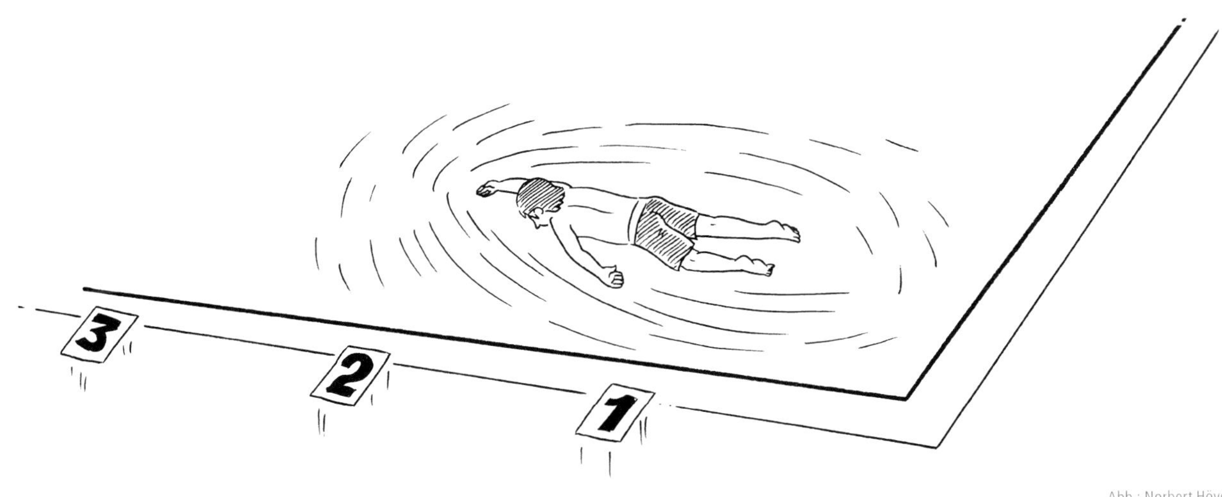

Abb.: Norbert Höveler

Bewertungsbogen

Disziplin →	Reifen-schwimmen	Tieftauchen	Synchron-springen	Zeit-schwimmen	Strecken-tauchen
Team/ Land ↓	**Anzahl Runden in ______ Minuten**	**Anzahl Ringe in ______ Minuten**	**Punkte**	**Gruppen-/ Einzelzeit**	**Tauchzonen-Punkte**

Piraten der Karibik

Darum geht's Spielidee zur Festigung aller Schwimmstile

Kompetenzerwartung Die Kinder haben die Möglichkeit, alle bisher gelernten Schwimmstile und Techniken spielerisch und handlungsorientiert zu gestalten und zu festigen.

Material mind. 2 große Schwimm-Matten, viele kleine Plastikbällchen, 2–4 Pylonen oder andere Markierungen, Schwimmbretter und weitere Hilfsmittel nach Belieben, ein beliebiger „Schatz" in Form einer Süßigkeit, sinkende Tauchspielzeuge, evtl. erwachsene Helfer zur Aufsicht an den Stationen

Beckentiefe 1,2–1,8 m (bei Kopfsprüngen)

Einstieg – das Piratenboot

Bilden Sie 2 Piratenmannschaften (Gruppengröße höchstens 5–6 Kinder), die je eine große Schwimm-Matte als Piratenboot erhalten. Die gesamte Besatzung darf nun in das Boot einsteigen und versuchen, sich in dem Boot fortzubewegen. Reichen Sie ggf. Schwimmbretter oder andere Materialien, die als Ruder genutzt werden können, mit hinzu. Als Fortbewegungsart dienen vorrangig die erlernten Beinschläge (Brust- oder Wechselbeinschlag) und seitliche Armzüge. Jedes Piratenboot versucht, in einem Bereich des Beckens eine effektive Möglichkeit der Fortbewegung zu finden.

Hauptteil – die Piratenspiele

Richten Sie für die Piratenboote an zwei sich gegenüberliegenden Stellen des Beckens „Häfen" ein, an denen das jeweilige Boot ablegt. Hierfür dient ein schlichtes sichtbares Merkmal, wie eine Pylone oder in der Halle bereits existierende Markierungen. Anschließend verteilen Sie an jeder Seite laminierte Stationskarten in doppelter Ausfertigung von 1–4, sodass jedes Piratenboot die gleiche Station anfährt, die Boote aber nicht kollidieren können. Beide Boote starten im Uhrzeigersinn zur ersten Station, an der alle Besatzungsmitglieder zunächst absteigen.

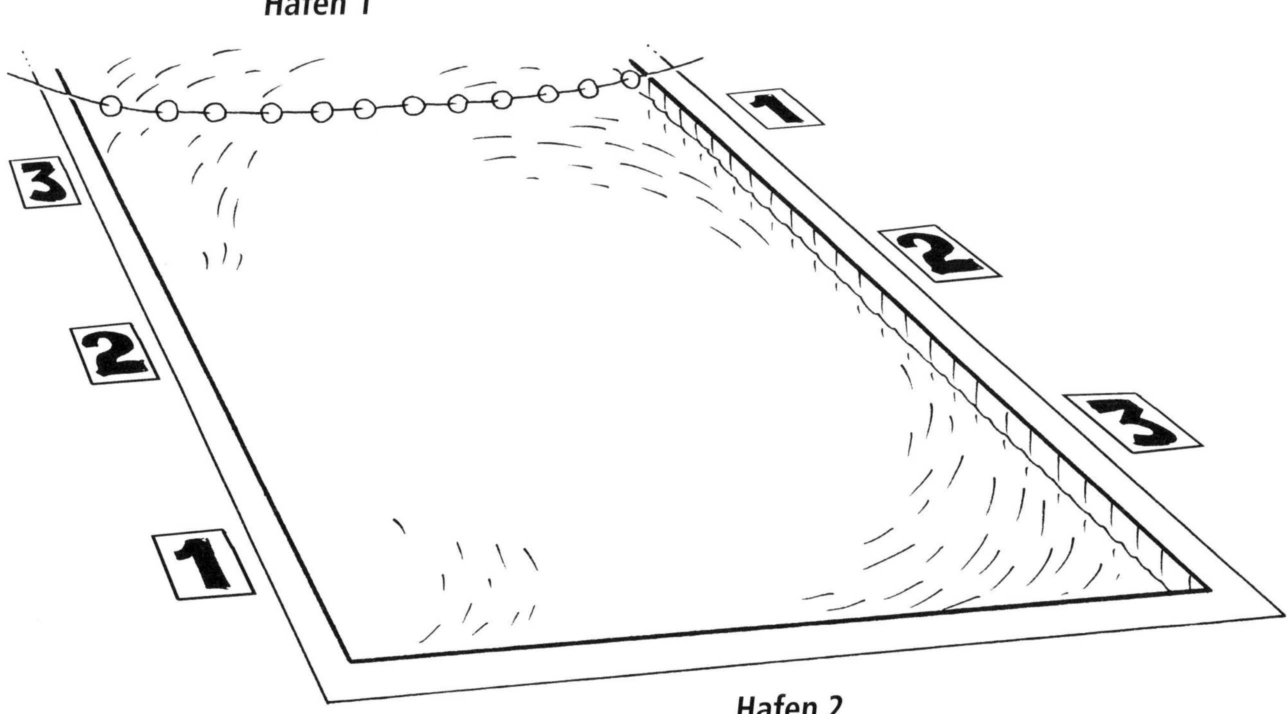

30. Piraten der Karibik

Station 1: Piratenkampf

Je ein Pirat aus jeder Mannschaft fährt mit dem Mannschaftsboot in die Beckenmitte, wo sich beide Boote treffen. Beide Boote müssen sich berühren. Die beiden Piraten verständigen sich auf ein Boot, auf dem der Kampf stattfindet. Diese stellen sich nun in die Mitte der ausgewählten Matte. Auf Ihr Startsignal beginnen die beiden Piraten mit dem Kampf und versuchen, sich gegenseitig durch geschicktes Ringen von der Matte ins Wasser zu werfen. Wer am Schluss noch oben bleibt, hat diese Runde gewonnen.

Nach der ersten Kampfrunde fahren beide Piraten wieder mit ihrem Boot zum Heimathafen zurück. Dort besteigen 2 neue Piraten das Boot, fahren in die Mitte und beginnen die nächste Kampfrunde usw. Durch den labilen Untergrund der Matte und den hohen koordinativen Anspruch dauert es meist nicht lange, bis ein Kind ins Wasser fällt. Daher schaffen Sie viele schnelle Runden hintereinander. Die anderen Piraten, die am Beckenrand zuschauen, feuern ihre Kämpfer natürlich lautstark an.

Achtung: Hier sind wieder die eingangs erwähnten Verhaltensregeln im Wasser (S. 9) sehr wichtig. Vereinbaren Sie darüber hinaus: Der Kampf findet jederzeit fair und ausschließlich durch Ringen und Drücken statt. Absolut tabu sind: Schlagen, Treten, grobes Schubsen, Weiterkämpfen, wenn jemand am Boden oder im Wasser liegt, sowie jede Gewalteinwirkung, die die Gesundheit eines Kindes gefährden könnte. Sollte ein solches „Foul" begangen werden, beenden Sie die Kampfrunde sofort, und erklären Sie das „gefoulte" Kind zum Sieger.

Station 2: Über die Reling gehen

Legen Sie an einem gemeinsamen Punkt am Beckenrand beide Matten hintereinander. Eine Person sollte aber im Wasser darauf achten, dass beide Matten im Wasser zusammenhalten und nicht auseinanderdriften. Beide Mannschaften bilden vor der „Reling" eine Schlange. Nun ist es die Aufgabe jedes Piraten, nacheinander über die Matten zu laufen und hinter den Matten ins Wasser zu springen, ohne vorher seitlich ins Wasser zu fallen. Wer kommt im Ziel an und erhält einen Punkt? Zum Ende des Laufes werden beide Boote zurück an der Station 2 angelegt, und die Besatzung steigt ein. Auf geht's zur Station 3.

30. Piraten der Karibik

Station 3: Fischfangen

Für diese Station benötigen Sie tiefes Wasser, sodass die Kinder gefahrlos ins Wasser springen können. Positionieren Sie idealerweise an jede Station einen Erwachsenen, der kleine Bällchen als Fische ins Wasser wirft. Das kann aber auch ein Schüler übernehmen. Aufgabe jeder Mannschaft ist es nun, in der vorgegebenen Zeit (ideal sind 2 Minuten) möglichst viele Fische im Flug zu fangen.

Die Piratenmannschaft stellt sich dazu in einer Reihe am Beckenrand auf. Werfen Sie nun einen kleinen Plastikball (Fisch) so vor die Kinder, dass er in der Luft zu fangen ist. Die Piraten springen ab, fangen den Ball in der Luft und landen im Wasser. Für jeden gefangenen Fisch erhält die Gruppe einen Punkt.

Achten Sie auf ein angemessenes Tempo, sodass die Sprünge zwar nah aufeinander folgen, aber keine Verletzungsgefahr besteht. Es sollte aber so schnell sein, dass in dem Rahmen von 2 Minuten viele Fische gefangen werden können.

Abschluss – die Schatzsuche

Verteilen Sie auf dem Grund des tiefen Beckens viele sinkbare Materialien, die von allen Piraten an Land geholt werden müssen. Als Belohnung erhalten Sie abschließend einen Schatz, ggf. in Form einer Süßigkeit. Falls sie einen wasserdichten, abschließbaren Behälter haben, wäre es natürlich auch ein großer Motivationsfaktor, wenn Sie diesen als eine Schatztruhe auf dem Beckengrund versenken und er von den Piraten gemeinsam heraufgeholt werden muss.

Medientipps

Reinhold Christiani (et. al.):
Lehrerbücherei Grundschule – Sportunterricht gestalten.
Cornelsen Scriptor, 2005.
ISBN 978-3-589-05096-3

Ilona Holterdorf, Petra Proßowsky:
Kleine Yoga-Rituale für jeden Tag.
Mit einfachen Übungen den Schulalltag rhythmisieren.
6–10 J., Verlag an der Ruhr, 2010.
ISBN 978-3-8346-0610-5

Stefan Köhler-Holle:
Klettern und Balancieren – in Turnhalle und Klassenraum.
Kl. 1–4, Verlag an der Ruhr, 2012.
ISBN 978-3-8346-2263-1

Stefan Köhler-Holle:
Schwingelige Abenteuer.
Spiele mit dem Schwungtuch für 4- bis 8-Jährige.
4–8 J., Verlag an der Ruhr, 2010.
ISBN 978-3-8346-0627-3

Sabine Kollmuß:
RückenFit für Grundschulkids.
Bewegungs- und Haltungsförderung für den Schulalltag.
Kl. 1–4, Verlag an der Ruhr, 2011.
ISBN 978-3-8346-0789-8

Friederike Neubauer:
30 x Sport für 45 Minuten.
Sportstunden fix und fertig vorbereitet.
Verlag an der Ruhr, 2011.
ISBN 978-3-8346-0877-2 (Kl. 1/2)
ISBN 978-3-8346-0878-9 (Kl. 3/4)

Christian Reinschmidt:
Schwimm-Training – mehr als nur Bahnen ziehen.
60 neue Spiel- und Übungsformen.
Ab 8 Jahren.
Verlag an der Ruhr, 2009.
ISBN 978-3-8346-0441-5

Christian Reinschmidt, Vicki Werner:
Alle(s) in Bewegung.
Spiel- und Sportangebote für die Ganztagsschule.
Verlag an der Ruhr, 2010.
ISBN 978-3-8346-0757-7

Christina Siebenborn:
Musik an und einfach lostanzen!
Einstiegsübungen, Spiele und Tänze für Grundschulkinder.
6–10 J., Verlag an der Ruhr, 2011.
ISBN 978-3-8346-0876-5

Raum für Notizen

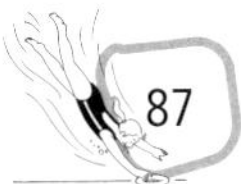